Sistemas eleitorais comparados

O selo DIALÓGICA da Editora InterSaberes faz referência às publicações que privilegiam uma linguagem na qual o autor dialoga com o leitor por meio de recursos textuais e visuais, o que torna o conteúdo muito mais dinâmico. São livros que criam um ambiente de interação com o leitor – seu universo cultural, social e de elaboração de conhecimentos –, possibilitando um real processo de interlocução para que a comunicação se efetive.

Sistemas eleitorais comparados

Fabrícia Almeida Vieira

Rua Clara Vendramin, 58 . Mossunguê . CEP 81200-170 . Curitiba . PR . Brasil
Fone: (41) 2106-4170 . www.intersaberes.com . editora@editoraintersaberes.com.br

Conselho editorial
    Dr. Ivo José Both (presidente)
    Drª. Elena Godoy
    Dr. Nelson Luís Dias
    Dr. Neri dos Santos
    Dr. Ulf Gregor Baranow

Editora-chefe
    Lindsay Azambuja

Supervisora editorial
    Ariadne Nunes Wenger

Analista editorial
    Ariel Martins

Preparação de originais
    Gilberto Girardello Filho

Edição de texto
    Sara Duim Dias
    Palavra do Editor

Capa
    Laís Galvão (*design*)
    Jamesbin, KJNNT, Leandro PP,
    Lana2016/Shutterstock (imagem)

Projeto gráfico
    Bruno de Oliveira

Diagramação
    Querido Design

Equipe de design
    Laís Galvão
    Mayra Yoshizawa

Iconografia
    Palavra Arteira
    Regina Claudia Cruz Prestes

Dados Internacionais de Catalogação na Publicação (CIP)
(Câmara Brasileira do Livro, SP, Brasil)

> Vieira, Fabrícia Almeida
>   Sistemas eleitorais comparados/Fabrícia Almeida Vieira. Curitiba: InterSaberes, 2018.
>
>   Bibliografia.
>   ISBN 978-85-5972-688-6
>
> 1. Sistemas eleitorais 2. Partidos políticos 3. Votos (Eleições) I. Título.
>
> 18-13337   CDD-324.720981

Índices para catálogo sistemático:
1. Sistemas eleitorais: Ciências políticas 324.6309

1ª edição, 2018.
Foi feito o depósito legal.
Informamos que é de inteira responsabilidade da autora a emissão de conceitos.
Nenhuma parte desta publicação poderá ser reproduzida por qualquer meio ou forma sem a prévia autorização da Editora InterSaberes.
A violação dos direitos autorais é crime estabelecido na Lei n. 9.610/1998 e punido pelo art. 184 do Código Penal.

Sumário

9 *Apresentação*

15 *Como aproveitar ao máximo este livro*

Capítulo 1

19 **O sistema eleitoral e a questão da representação política**

(1.1)
21 O que é representação política?

(1.2)
34 O que é sistema eleitoral?

Capítulo 2

51 **Os sistemas eleitorais nos regimes democráticos contemporâneos**

(2.1)
53 Sistema majoritário

(2.2)
72 Sistema de representação proporcional

(2.3)
92 Sistemas mistos

Capítulo 3

107 Sistema eleitoral e sistema partidário

(3.1)

109 As Leis de Duverger

Capítulo 4

131 Efeitos dos sistemas eleitorais

(4.1)

133 Fragmentação partidária

(4.2)

138 Desproporcionalidade

(4.3)

142 Representação das mulheres

Capítulo 5

155 Sistema eleitoral brasileiro

(5.1)

157 Eleições para o Executivo e para o Legislativo: o que muda?

(5.2)

159 A seleção de candidatos

(5.3)

162 Magnitude do distrito (M) e baixa proporcionalidade

(5.4)

166 Fórmula eleitoral

(5.5)

170 Cláusula de barreira

(5.6)
172 Coligações partidárias

(5.7)
176 Efeitos do sistema proporcional de lista aberta no Brasil

(5.8)
181 Sistema majoritário: eleições para presidente do Brasil

Capítulo 6
193 **Reformas do sistema eleitoral no Brasil**

(6.1)
195 A agenda da reforma política no Brasil

(6.2)
197 Voto obrigatório *versus* voto facultativo

(6.3)
200 Lista aberta *versus* lista fechada

(6.4)
203 Coligações partidárias, fragmentação e cláusula de barreira

(6.5)
206 Distritão

219 *Considerações finais*
223 *Referências*
247 *Respostas*
259 *Sobre a autora*

Apresentação

O debate acadêmico sobre o tema *sistemas eleitorais* foi fortemente influenciado pelo livro *The Political Consequences of Electoral Laws* (*As consequências políticas das leis eleitorais*, em tradução livre), do cientista político Douglas Rae (1967). Nessa obra, o autor alega que, apesar de os sistemas eleitorais serem diferentes, há três elementos basilares e indispensáveis presentes em todos eles: a magnitude do distrito eleitoral, a estrutura do voto e a fórmula eleitoral.

O **distrito eleitoral** refere-se à unidade territorial em que os votos são contabilizados para que ocorra a distribuição das cadeiras em disputa. Em alguns países, corresponde a uma circunscrição territorial, como município, estado e país; em outros, o distrito eleitoral é criado apenas para fins eleitorais (Rae, 1967).

Por sua vez, a **estrutura do voto**, segundo Rae (1967), envolve as regras que determinam em quem o eleitor poderá votar. O primeiro tipo de voto elencado pelo autor é o **categórico** ou **nominal**, que é adotado na maioria dos países e admite diferenciadas disposições. Em geral, o voto nominal pressupõe que o eleitor poderá atribuir o voto a um único partido ou a um único candidato. No Canadá, por exemplo, pode-se votar em um único partido ou em um único candidato; no Brasil, o eleitorado pode votar no nome de um candidato pertencente a um partido político. O segundo tipo de voto sugerido por Rae (1967) é o **ordinal**, em que o eleitor, em vez de votar em um nome, ordena os candidatos de acordo com sua preferência. A Austrália é um exemplo de país que adota essa estrutura de voto. Há também o **duplo voto**, que é uma concepção mais recente, vigente na Alemanha, por exemplo, no qual o eleitor tem a oportunidade de votar em mais de um partido (Freire, 2002).

Por fim, o terceiro elemento dos sistemas eleitorais é a **fórmula eleitoral**, que é responsável pelos procedimentos de contabilização dos votos, transformando-os em cadeiras. Tem como propósito definir os eleitos e fazer a distribuição das cadeiras em disputa. Em conformidade com Rae (1967), há basicamente três fórmulas eleitorais: i) maioria simples (ou pluralidade), na qual o candidato mais votado é eleito; ii) maioria absoluta (ou de dois turnos), em que o candidato que conquistar mais de 50% dos votos é eleito; iii) e proporcional, fórmula que assegura que haverá uma proporção com relação aos votos recebidos e a representação.

As pesquisas realizadas por Douglas Rae sobre essa temática serviram de inspiração para diversos estudiosos formularem outras classificações dos sistemas eleitorais de países democráticos (tais como Mainwaring, 1991; Blais; Massicotte, 1997, 2002; Lijphart, 2011; Norris, 2004; Reinolds; Reilly; Ellis, 2005; Gallagher; Mitchell, 2005; Nicolau, 2012). No presente livro, seguiremos a classificação utilizada pelo cientista político Jairo Nicolau em sua obra *Sistemas eleitorais* (2012)[1]. Esse cientista político considera que os sistemas eleitorais

---

1 Jairo Nicolau é um importante cientista político brasileiro, com estudos muito relevantes sobre o tema dos sistemas eleitorais e políticos. A primeira edição do livro Sistemas eleitorais *foi publicada em 1999, mas aqui utilizaremos como escopo a sexta edição dessa obra de Nicolau. O autor revisou o livro e fez algumas alterações em comparação com as edições anteriores, além de ter atualizado os países que mudaram seus sistemas eleitorais desde a primeira edição da obra.*

podem ser categorizados em três grupos: proporcional, majoritário e misto.

O sistema proporcional é utilizado em 58% das 95 democracias representativas analisadas pelo autor – trata-se do sistema predominante na Europa Ocidental e do Leste e nas Américas. O sistema de maioria simples é adotado em 18% dos casos, e o sistema misto, em menos de 10% dos casos.

Em uma pesquisa desenvolvida pelo International Institute for Democracy and Electoral Assistance (Idea), os pesquisadores classificaram o sistema eleitoral de 217 países. Segundo dados desse estudo, o sistema proporcional é mais utilizado na Europa (68,6%) e nas Américas (44,4%). O método majoritário é predominante na Oceania (72,2%). Já o sistema misto é identificam-se em menos casos, sendo mais empregado na Ásia (20,8%)[2] (Idea, 2018).

Em cada um desses sistemas, identificam-se variantes. Resumidamente, no grupo do sistema majoritário, há: o sistema de maioria simples, conhecido no Brasil como *sistema distrital* (do inglês *first past the post* – FPTP); o sistema de dois turnos ou maioria absoluta; o voto alternativo; o sistema de voto único não transferível (do inglês *single non-transferable vote* – SNTV), conhecido no Brasil como *Distritão*; e o voto em bloco.

No grupo do sistema proporcional, há duas variantes: o sistema proporcional de lista e o voto único transferível (do inglês *single transferable vote* – STV). Já o grupo dos sistemas mistos é composto por duas variantes: paralelo e de correção. Ao longo desta obra, utilizaremos alguns países como exemplo de cada um desses grupos e suas variantes. Nosso foco estará nas eleições para a Câmara dos

---

2   *Para saber mais sobre essa pesquisa, consulte: <https://www.idea.int/data-tools/question-view/130357>. Acesso em: 2 mar. 2018.*

Deputados (que representa o Poder Legislativo) e nas eleições presidenciais (representando o Poder Executivo).

Você já deve ter ouvido alguma das seguintes frases: "Como o candidato X ganhou se ele não foi o mais votado? Só pode ser fraude na urna eletrônica!"; "O Brasil tem muitos partidos e eles não têm nenhuma função!"; "Uma eleição poderá ser anulada caso 50% + um dos eleitores votem nulo". Todas essas afirmativas representam o desconhecimento do eleitorado a respeito do funcionamento do sistema eleitoral vigente no Brasil. Realmente, esse assunto é complexo e exige esforço para o conhecimento de todas as regras pertinentes ao nosso sistema.

Diante do exposto, cabe observar que o objetivo principal deste livro, dividido em seis capítulos, é estabelecer distinções entre os sistemas eleitorais e o modo como eles afetam a representação política e a configuração do sistema partidário. No primeiro capítulo, apresentaremos uma discussão sobre a representação política e as características gerais dos sistemas eleitorais. Abordaremos a relação entre o sistema eleitoral e a representação política, as principais características da representação – tais como autorização, julgamento e prestação de contas – e os elementos comuns aos sistemas eleitorais.

No segundo capítulo, analisaremos em detalhes a distinção entre os sistemas eleitorais majoritários, proporcionais e mistos e suas variantes nas eleições presidenciais e para a Câmara dos Deputados, utilizando alguns países como exemplo. Examinaremos os diferentes formatos dos sistemas eleitorais que vigoram nas democracias representativas contemporâneas e explicaremos como os poderes Legislativo e Executivo são formados.

No terceiro capítulo, comentaremos as Leis de Duverger, a fim de esclarecer como os sistemas eleitorais impactam o sistema partidário. Também trataremos da genealogia dos partidos políticos com base nas concepções de Duverger, a fim de que você seja capaz de perceber como o sistema eleitoral influencia o sistema partidário, especialmente na quantidade de partidos com representação.

No quarto capítulo, destacaremos os principais efeitos dos sistemas eleitorais, como a fragmentação partidária, a desproporcionalidade entre votos e cadeiras e a representação feminina nos parlamentos. Com isso, demonstraremos que cada sistema eleitoral apresenta vantagens e desvantagens e, além disso, ofereceremos condições para que você avalie a equidade entre os votos dos eleitores e a distribuição das cadeiras, considerando o princípio da igualdade política na democracia representativa.

Nos dois últimos capítulos, analisaremos especificamente o sistema eleitoral brasileiro e seus efeitos. No quinto capítulo, examinaremos as características e peculiaridades do sistema eleitoral do Brasil. Com base nessa discussão, buscaremos esclarecer os conceitos e métodos básicos relacionados ao sistema eleitoral do nosso país.

Por fim, no sexto capítulo, abordaremos as principais questões presentes na agenda da reforma política no Brasil. Elencaremos os motivos que dificultam a implementação de mudanças substantivas no sistema eleitoral brasileiro, bem como os aspectos positivos e negativos de cada questão presente na agenda da reforma.

Este livro, portanto, poderá servir de instrumento para que você consiga compreender as diferentes formas dos sistemas eleitorais, a maneira como eles refletem no modo de representação política e, por fim, as principais propostas para o aprimoramento dos sistemas eleitorais e políticos. Esperamos que esta obra possa contribuir com o seu crescimento acadêmico. Boa leitura!

Fabrícia Almeida Vieira

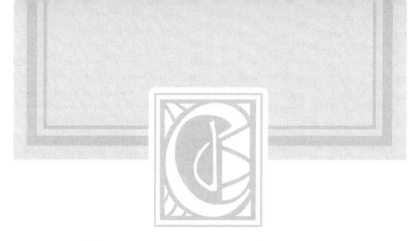

Como aproveitar ao máximo este livro

Este livro traz alguns recursos que visam enriquecer seu aprendizado, facilitar a compreensão dos conteúdos e tornar a leitura mais dinâmica. São ferramentas projetadas de acordo com a natureza dos temas que vamos examinar. Veja a seguir como esses recursos se encontram distribuídos no decorrer desta obra.

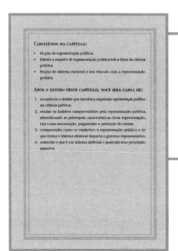

Conteúdos do capítulo:

Logo na abertura do capítulo, você fica conhecendo os conteúdos que nele serão abordados.

Após o estudo deste capítulo,
você será capaz de:

Você também é informado a respeito das competências que irá desenvolver e dos conhecimentos que irá adquirir com o estudo do capítulo.

Perguntas e respostas

Nesta seção, a autora responde a dúvidas frequentes relacionadas aos conteúdos do capítulo.

Síntese

Você dispõe, ao final do capítulo, de uma síntese que traz os principais conceitos abordados.

Exercícios resolvidos

Nesta seção, a proposta é acompanhar passo a passo a resolução de alguns problemas mais complexos que envolvem o assunto do capítulo

Questões para revisão

Com estas atividades, você tem a possibilidade de rever os principais conceitos analisados. Ao final do livro, a autora disponibiliza as respostas às questões, a fim de que você possa verificar como está sua aprendizagem.

Questões para reflexão

Nesta seção, a proposta é levá-lo a refletir criticamente sobre alguns assuntos e a trocar ideias e experiências com seus pares.

Para saber mais

Você pode consultar as obras indicadas nesta seção para aprofundar sua aprendizagem.

Capítulo 1
O sistema eleitoral e a questão
da representação política

Conteúdos do capítulo:

- Noção de representação política.
- Debate a respeito de representação política sob a ótica da ciência política.
- Noção de sistema eleitoral e seu vínculo com a representação política.

Após o estudo deste capítulo, você será capaz de:

1. reconhecer o debate que envolve a expressão *representação política* na ciência política;
2. avaliar os âmbitos compreendidos pela representação política, identificando as principais características dessa representação, tais como autorização, julgamento e prestação de contas;
3. compreender como se estabelece a representação política e de que forma o sistema eleitoral impacta o governo representativo;
4. entender o que é um sistema eleitoral e quais são seus principais aspectos.

A representação política está intimamente ligada à democracia, tornando-se fundamental justamente na transição da democracia antiga para os regimes democráticos contemporâneos. Nesse contexto, os representantes são eleitos para falar e decidir no lugar dos cidadãos que estão ausentes do processo e das discussões políticas[1]. Robert Dahl (2005) considera que as democracias contemporâneas compartilham uma série de características fundamentais: representantes eleitos; eleições livres, justas e frequentes; liberdade de expressão; fontes alternativas de informações; autonomia para associações; e cidadania inclusiva. São essas características que fazem a conexão entre a representação e a democracia (Manin; Przeworski; Stokes, 2006).

A representação política está vinculada ao sistema eleitoral, já que é por meio deste que ela ocorre. Neste capítulo, discutiremos o que é a representação política sob a ótica da ciência política e analisaremos sua relação com o sistema eleitoral. Além disso, abordaremos as características básicas dos sistemas eleitorais.

(1.1)
O QUE É REPRESENTAÇÃO POLÍTICA?

A representação política é um conceito-chave no contexto das democracias representativas. Esse complexo termo, que ocupa centralidade no campo da ciência política, apresenta um caráter polissêmico, isto é, tem muitas significações. Contudo, nosso objetivo não é fazer uma discussão exaustiva sobre essas possibilidades conceituais, tampouco esgotá-la. O que pretendemos é mostrar os principais autores do campo da ciência política que contribuem para o debate sobre a definição de tal conceito.

---

1 *Para aprofundar seu conhecimento a respeito do conceito de* democracia *e de suas fontes históricas, ler a primeira parte do livro* Uma introdução à teoria da democracia, *de Pedro Medeiros (2016).*

Hanna Pitkin publicou, em 1967, nos Estados Unidos, o livro *The Concept of Representation* (*O conceito de representação*, em tradução livre), o qual gerou enorme impacto no âmbito acadêmico em virtude de sua inovação conceitual, sendo um dos livros mais citados em trabalhos científicos sobre essa temática. Outro fator de inovação trazido pela obra refere-se ao contexto político que os Estados Unidos vivenciavam à época, no qual o sistema representativo estava sendo fortemente questionado pelos movimentos de direitos civis dos negros (Loureiro, 2009).

O conceito de *representação*, segundo Pitkin (1967), é altamente complexo, pois se trata de um fenômeno humano e político. O termo é de origem latina (*repraesentare*) e "significa 'tornar presente ou manifesto; ou apresentar novamente'" (Pitkin, 2006, p. 17). Observe que o significado da expressão não está associado a nenhuma instituição política, não se relaciona com a ideia de pessoas representando outras, tampouco se vincula ao Estado romano.

Em conformidade com essa autora, para entender como a representação política adentrou o campo da atividade política, é preciso abranger o contexto histórico do desenvolvimento das instituições. Sinteticamente, o emprego da palavra *representação* começou nos séculos XIII e XIV, quando se dizia que o papa e os cardeais representavam as figuras de Cristo e de seus apóstolos. No entanto, essa palavra ainda não tinha o sentido de "delegação"[2]. Daí em diante, o termo foi recebendo novos significados. Oliveira (2000) frisa que foi com o surgimento da monarquia constitucional que o termo *representação* passou a ser empregado com o sentido parlamentar. Sob essa ótica, Pitkin (2006, p. 25-26, grifo nosso) explica que

---

2   No século XV, de acordo com Pitkin (2006, p. 20), o verbo representar *passou a significar "figurar, retratar ou simbolizar". Além disso, "ele passa a ser aplicado a objetos inanimados que 'ocupam o lugar de ou correspondem a' algo ou alguém".*

Um bom resumo do estado a que essas ideias tinham chegado em 1583 pode ser encontrado no livro De republica Anglorum, *de Sir Thomas Smith, publicado naquele ano [...]. A obra de Smith também é uma das primeiras aplicações conhecidas da palavra inglesa "represent" ao Parlamento. Smith utiliza a palavra uma vez só, mas a utiliza num ponto crucial, ao escrever sobre* **"o Parlamento da Inglaterra, que representa e tem o poder de todo o reino, tanto a cabeça quanto o corpo. Pois, entende-se que todo inglês está presente ali, seja em pessoa, seja por procuração ou por meio de delegados (...) e o consentimento do Parlamento é considerado como o consentimento de todos os homens"**. (Smith, 1906: 49)

Podemos observar no trecho citado que era o Parlamento inglês como um todo que representava o reino. O termo ainda não era aplicado particularmente aos membros do Parlamento, mas à instituição. Nesse período, havia a ideia de que os integrantes do Parlamento eram delegados de suas comunidades, embora isso não tenha sido expresso pelo termo *representação*. Foi apenas em meados do século XVIII que a expressão ganhou conotação política, em consequência do crescente debate político e da guerra civil. Conforme explica Pitkin (2006, p. 27), "os significados estão obviamente em transição, do antigo 'pôr-se em lugar de outros', pela via da substituição, para algo como 'atuar para outros'".

Do modelo romano derivaram as sociedades contemporâneas em suas formas de organização política. Esse modelo serviu como uma fonte de inspiração para as democracias liberais da Europa e da América. Assim, em resumo, podemos entender que "o governo representativo [é] fruto da importância tradicional da Câmara dos Lordes associada ao poderio econômico sempre crescente da classe burguesa e seu crescimento de importância política junto à Câmara dos Comuns" (Oliveira, 2000, p. 19).

Em seu livro, Pitkin (1967) mostra o caráter contraditório do termo *representação*, rejeitando as concepções ortodoxas formalista, descritiva e simbólica e aproximando-se mais da visão substantiva. A visão **formalista** é baseada nos ideais de Thomas Hobbes, em que a representação ocorre via autorização; isto é, o representante recebe autorização – por meio do voto – para agir no lugar de outro. A primeira análise de representação encontrada na teoria política é a de Hobbes no livro *Leviathan*, publicado originalmente em 1651. Nessa obra, o autor define *representação* no sentido de "autorização", ou seja, "um representante é alguém que recebe autoridade para agir por outro, quem fica então vinculado pela ação do representante como se tivesse sido a sua própria" (Pitkin, 2006, p. 28).

A representação **descritiva** baseia-se na compreensão de que a representação é reflexo de algo que se quer fazer presente. Preocupa-se com a correspondência de características entre o corpo representativo e o corpo representado. Já a representação **simbólica** existe quando alguém acredita nela, o que implica o uso de símbolos para fazer algo presente.

Pitkin (2006) propõe uma modificação radical na significação do termo, centrando-o nas intenções e nos atos dos indivíduos. Primeiramente, a representação deve ser concebida como uma atividade em que a relação entre representante e representado precisa ser recíproca. Em segundo lugar, o conceito desse termo deve ser **substantivo**, ou seja, a representação refere-se à substância do que é feito. Com isso, Pitkin (2006) argumenta que a representação é **relacional**, isto é, composta por duas esferas (representantes e representados) que mantêm uma relação recíproca. Nesse contexto, o representante ocupa o papel de delegado dos debates públicos. Portanto, a representação é uma **atividade social**.

Assim, Pitkin (2006) desenvolve seu próprio conceito, entendendo a representação como uma atividade que envolve o "agir por outro". A autora enfatiza duas dimensões: i) a relação entre representantes e representados deve ser recíproca e equivalente, na qual a ação e o julgamento sejam características de ambos os lados (elemento inovador da pesquisadora); ii) a pessoa substituída pelo representante precisa estar presente de alguma forma, o que significa que, para o governante representar, é necessário tornar presente o ausente (paradoxo da presença-ausência) (Nicolás, 2015).

O Quadro 1.1 resume as visões de representação de Hanna Pitkin.

Quadro 1.1 – Tipos de representação segundo Hanna Pitkin

Tipos de representação	Breve caracterização	Principais questões de pesquisa	Padrões implícitos de avaliação dos representantes
1. Representação formalística	O arranjo institucional precede e inicia a representação. Representação formal, com duas dimensões: autorização e *accountability*[3].	Qual é a posição institucional do representante?	Nenhum

(continua)

---

3   Accountability *é um termo complexo que, geralmente, não recebe tradução nos estudos de âmbito nacional. Pode ser traduzido como "responsabilidade", "responsividade" ou "responsabilização"; entretanto, essas traduções não são capazes de expressar o significado mais amplo da palavra, conforme explica Alzira Ester Angeli (2017). O conceito de* accountability *está ligado a ações de boa governança em instituições públicas e, até mesmo, em empresas privadas, associando-se ao objetivo de propiciar a legitimidade da governança pública. Também faz referência ao estímulo à prestação de contas dos representantes e das instituições políticas. Desse modo, como elucida a autora,* accountability *pode ser um instrumento de controle social sobre o exercício dos atores políticos. Para saber mais sobre o assunto, recomendamos a leitura da dissertação de mestrado de Angeli (2017), intitulada* Accountability *e* internet numa perspectiva comparada: a atuação digital das controladorias públicas na América Latina.

Fabrícia Almeida Vieira

(Quadro 1.1 – continuação)

Tipos de representação	Breve caracterização	Principais questões de pesquisa	Padrões implícitos de avaliação dos representantes
(Autorização)	Meios pelos quais o representante obtém sua posição, status e cargo.	Por qual processo o representante ganha poder (eleições) e por quais meios o representante pode garantir suas decisões?	Sem padrões para avaliar o comportamento do representante. Pode-se apenas analisar se ele ocupa ou não legitimamente sua posição.
(*Accountability*)	A capacidade do eleitor de punir seus representantes por falhas em agir de acordo com seus desejos (votando em candidato de fora do cargo) ou a responsividade do representante para com os eleitores.	Quais são os mecanismos de sanção disponíveis para os eleitores? É o representante responsivo frente às preferências de seus eleitores?	Sem padrões para avaliar o comportamento do representante. Pode-se apenas determinar se o representante pode ou não ser sancionado ou se tem sido responsivo.
2. **Representação simbólica**	Os modos pelos quais o representante se coloca para o representado, isto é, o significado que o representante tem para aqueles que estão sendo representados.	Qual tipo de resposta é invocada pelo representante nos que estão sendo representados?	Representantes são avaliados pelo grau de aceitação que o representante tem entre os representados.
3. **Representação descritiva**	Extensão em que o representante se assemelha aos que estão sendo representados.	O representante tem semelhança e interesses comuns ou partilha experiências com o representado?	Avaliação do representado pela semelhança entre representante e representado.

SISTEMAS ELEITORAIS COMPARADOS

(Quadro 1.1 – conclusão)

Tipos de representação	Breve caracterização	Principais questões de pesquisa	Padrões implícitos de avaliação dos representantes
4. Representação substantiva	A atividade dos representantes – isto é, as ações realizadas em nome e no interesse de, como um agente de e como um substituto para o representado.	O representante encaminha as políticas preferidas que melhor servem aos interesses dos representados?	Avaliação do representante pela extensão em que os resultados das políticas públicas encaminhadas pelo representante servem aos melhores interesses dos eleitores.

Fonte: Adaptado de Loureiro, 2009, p. 68.

O trabalho de Pitkin abriu um caminho importante para pensarmos a representação política nas democracias contemporâneas. No entanto, os argumentos da autora precisam ser mais refinados, a fim de contribuírem mais fortemente com esse campo de pesquisa, já que, apesar de sua obra ser seminal, é possível identificar algumas ambiguidades em sua análise. Ela finaliza seu livro "descaracterizando a representação política e aderindo ao coro dos teóricos da democracia direta que a rejeitam ou, quando muito, a consideram uma mera alternativa inevitável" (Loureiro, 2009, p. 72).

O politólogo Bernard Manin é outro pesquisador que colabora substancialmente com esse debate. Em seu livro *Principes du gouvernement représentatif* (*Princípios do governo representativo*, em tradução livre), Manin (1995b) busca explicar o motivo pelo qual a democracia direta, com a seleção de governantes por meio de sorteio, foi substituída pela democracia indireta, em que os governantes são escolhidos de forma aristocrática, por meio de eleições. O sorteio era visto como uma forma igualitária de escolher representantes, uma vez que todos

Fabrícia Almeida Vieira

os cidadãos tinham a chance de participar do poder. Já no caso das eleições, não há o princípio de igualdade, mas de distinção, no sentido de que os eleitos precisam ser distintos dos eleitores – por meio de méritos, virtudes, talentos e carisma, por exemplo.

Há quatro elementos fundamentais que estão presentes em governos representativos: i) os governantes são eleitos pelos cidadãos; ii) os representantes apresentam alguma independência em relação à vontade dos representados; iii) com a ausência do mandato imperativo, há a liberdade de manifestação da opinião pública; iv) em virtude da complexidade das sociedades contemporâneas, as decisões só podem ser tomadas mediante deliberação.

Manin (1995b) assegura que a representação política passou por diversas modificações durante o século XX. Na primeira metade desse século, na **democracia de partidos** – como denominado por Manin (1995a) –, os partidos políticos eram os atores centrais da política e, logo, da democracia representativa. Nesse contexto, eles conseguiam fidelizar os eleitores (Vieira, 2017). A decisão eleitoral estava relacionada a um sentido de identificação partidária, de modo que os cidadãos atuavam instrumentalmente, baseados no entendimento "de que seu voto é geralmente orientado no sentido de efeitos e consequências" (Manin, 2013, p. 123).

A segunda metade do século XX, por sua vez, ficou conhecida como **democracia de público**, em que os cidadãos deixaram de ser influenciados diretamente pelos partidos políticos e passaram a ser informados pelos meios de comunicação, como menciona Vieira (2017). As organizações partidárias eram multifacetadas, operando em vários campos, como nos poderes Legislativo e Executivo, em campanhas eleitorais e na mobilização do eleitorado (Manin, 2013). Por isso, vale ressaltar que, na democracia de público, tais instituições perderam força principalmente na arena da fidelidade duradoura dos eleitores[4] (Vieira, 2017).

Nesse tipo de democracia, o contexto (fatores sociais, econômicos e culturais) passou a contribuir com a decisão eleitoral. De acordo com Loureiro (2009), nessa forma de representação política, não há informações satisfatórias para que o eleitorado caracterize cada candidato. Desse modo, os eleitores usam as imagens desenvolvidas pelos meios de comunicação – como programas vagos e pouco detalhados – para determinar suas escolhas[5].

Diante dessas condições, ocorreu uma personalização da decisão eleitoral, na medida em que os eleitores deixaram de fidelizar-se às organizações partidárias para se voltarem à imagem dos candidatos e representantes políticos, conforme sugere Vieira (2017). Na democracia de público[6], "as pessoas votam de modo diferente, de uma eleição para a outra, dependendo da personalidade dos candidatos"

---

4 Manin (2013) revisita suas considerações sobre as modificações da representação política e observa que, na democracia de público, as organizações partidárias não perderam força em dois campos: na política parlamentar e nas campanhas eleitorais. Nas casas legislativas, os representantes se organizam por meio de partidos políticos, e tais blocos partidários controlam o andamento das legislaturas. O segundo campo em que essas instituições ainda são fortes diz respeito às campanhas eleitorais, que, apesar de serem centradas na figura dos candidatos ou personalizadas, permanecem partidarizadas. Nas palavras de Manin (2013, p. 118), "quando elegem representantes, os eleitores se defrontam com um mapa cognitivo que é de fato desenhado essencialmente por partidos políticos". O Brasil é um bom exemplo dessa questão, tendo em vista que não existem candidaturas independentes (sem vínculos partidários).

5 Os meios de comunicação produzem modificações importantes nas atividades políticas. Para saber mais sobre essas alterações, leia a obra Transformações da política na era da comunicação de massa, de Wilson Gomes (2004).

6 Bernard Manin (2013) frisa que os fiéis aos partidos políticos não foram aniquilados na democracia de público. O que ocorreu foi que essa parcela da população diminuiu em comparação à observada no período da democracia de partidos – o que não significa, porém, que ela deva ser desconsiderada.

Fabrícia Almeida Vieira

(Manin, 1995a, p. 27). Por *personalização política* podemos entender, conforme Balmas e Sheafer (2016), o processo pelo qual os políticos se tornam os atores centrais da representação política.

Nádia Urbinati (2006), em seu livro *Representative Democracy: Principles and Genealogy* (*Democracia representativa: princípios e genealogia*, em tradução livre), segue as opções de Pitkin, abandonando o entendimento de representação como autorização. A autora rejeita a ideia de que a democracia representativa é fundamentalmente eleitoral, tendo como função principal a seleção dos mais capazes para governar. Em sua concepção, a representação é muito mais dinâmica, possuindo elementos de igualdade política e controle popular.

A representação com o sentido relacionado a eleições e autorização é essencial, mas não o suficiente para o funcionamento e a estabilidade do regime democrático, como explica Urbinati (2006). Essas duas características geram governos responsáveis e limitados, mas não um governo representativo. Assim, a representação política não pode ser simplesmente um acordo contratual (delegação) entre eleitores e governantes, do mesmo modo que não pode ser reduzida à nomeação de representantes. Com esses argumentos, a autora mostra que a representação política ultrapassa os limites do período eleitoral.

Resumidamente, podemos afirmar que as significações de *representação política* podem ser divididas em três afirmações que concernem às teorias que explicam esse termo: i) a representação política está ligada a uma questão de autorização e também de julgamento; ii) a epresentação é, ao mesmo tempo, constituída e constitutiva; iii) a representação é tanto eleitoral como não eleitoral (Näströn, 2011, citado por Ituassu, 2014).

A primeira afirmação se fundamenta nas alegações de Hobbes, como mencionado anteriormente. Na democracia representativa, a representação política ocorre mediante a autorização para tomadas de decisão, por meio do voto. Nesse caso, os representantes são escolhidos por meio de eleições periódicas e dispõem de autonomia para tomar decisões voltadas à sociedade. Näströn vai mais além, alegando que a representação também é uma questão de julgamento, ou seja, o eleitorado avalia (julga) frequentemente seus representantes e expressa sua opinião no momento da votação (Vieira, 2017)[7].

De acordo com Vieira (2017), o segundo aspecto da representação baseia-se na ideia de que ela apresenta a qualidade constitutiva por estabelecer sua própria definição. Ituassu (2014) defende a representação política como uma relação social mediada, isto é, uma prática relacional entre representantes e representados. Por sua vez, Bobbio (2009) assegura que a democracia representativa contempla a visão de que as deliberações coletivas são tomadas pelos representantes eleitos pelos cidadãos.

A terceira linha de pensamento considera que a representação política é tanto eleitoral quanto não eleitoral. No período eleitoral, a representação está presente na delegação de autoridade, na medida em que os cidadãos, por meio do voto, delegam as decisões políticas para os representantes eleitos. No entanto, a representação não acaba aqui, ela ultrapassa os limites eleitorais. Ao longo do mandato, fora do período eleitoral, "ganha importância o exercício da prestação de contas e ações para promover maior participação popular no processo político. Essas práticas são positivas ao ponto de fornecer maior legitimidade à elaboração e implementação de políticas públicas" (Vieira, 2017, p. 25).

---

7   Diante disso, Manin, Przeworski e Stokes (2006) ressaltam que o voto é o principal instrumento para que os representantes (com interesse em continuar na carreira política) mantenham suas ações voltadas para o interesse popular.

Fabrícia Almeida Vieira

Luís Felipe Miguel (2003) sintetiza que a representação política é um processo de seleção de representantes que tomam decisões políticas e públicas em nome dos demais.

> A eleição ocupa uma posição de destaque absoluto já que, bifronte, é o episódio fundador e, ao mesmo tempo, a meta orientadora da relação entre representantes e representados. Ela é vista tanto como o momento da autorização para que outros decidam em nome do povo, que permanece como titular último da soberania, quanto como o momento da efetivação da accountability, quando os representados apresentam seu veredito [os eleitores julgam o comportamento de seus representantes] sobre a prestação de contas dos representantes. (Miguel, 2003, p. 131)

A representação política é viabilizada e implementada pelo sistema eleitoral (Tavares, 1994). Na próxima seção, apresentaremos uma breve análise sobre o que é o sistema eleitoral, quais são suas características gerais e como ele está intimamente ligado à representação política.

Perguntas & respostas

O Brasil enfrenta uma crise de democracia ou uma crise de representação?

O argumento acerca da crise de democracia repousa no funcionamento das democracias contemporâneas, no sentido de que as instituições políticas não têm mais condições de atender às diversas demandas sociais. Alguns fatores podem explicar a defesa desse argumento, tais como: i) apatia e desinteresse dos cidadãos/eleitores na esfera política; ii) informações alteradas ou dependentes unicamente dos meios de comunicação; iii) istância entre os cidadãos e os representantes; iv) desconfiança generalizada da sociedade perante os atores (candidatos e representantes) e as instituições políticas (partidos políticos, Parlamento etc.) (Pateman, 1992; Gomes, 2005).

Entretanto, essa linha de pensamento não é unânime. Há outra corrente teórica segundo a qual tais fatores são ocasionados pelas próprias limitações da democracia representativa, considerando-se que nenhum sistema eleitoral é perfeito. Por isso, seria exagero alegar que o modelo de democracia contemporânea está em crise (Norris, 2001; Marques, 2009).

A crise de representação, por outro lado, está ligada ao descrédito e à insatisfação dos cidadãos com o funcionamento das instituições políticas, como os partidos políticos e o Parlamento. Moisés e Carneiro (2008, p. 8) enfatizam que "desconfiança é atitude de descrédito ou de desmerecimento de alguém ou de algo e, na democracia, alguma dose dela pode ser um sinal sadio de distanciamento dos cidadãos de uma dimensão da vida social da qual eles têm pouco controle". Quando há desconfiança descomedida e acompanhada de insatisfação, isso "pode significar que, tendo em conta as suas orientações normativas, expectativas e experiências, os cidadãos percebem as instituições democráticas como algo diferente daquilo para o qual se supõe que elas tenham sido criadas" (Moisés; Carneiro, 2008, p. 8).

A desconfiança dos cidadãos em relação aos atores e às instituições políticas é notória na maioria das democracias representativas. Em democracias mais consolidadas, como na Dinamarca, na Finlândia, na Holanda e na Noruega, isso ocorre em virtude da elevada instrução dos cidadãos, que estão mais envolvidos no processo político e se tornam mais críticos. No caso de democracias menos consolidadas, como nos países da América Latina, a alta

Fabrícia Almeida Vieira

desconfiança é fruto das desigualdades sociais e da grande concentração de renda existente, o que leva os cidadãos a ter uma sensação de que o contexto institucional benefícia somente alguns cidadãos, e não a todos (Colen, 2010).

Como consequência da baixa credibilidade por parte dos cidadãos nos agentes políticos, há uma queda no engajamento cívico, isto é, reduz-se o interesse dos cidadãos em participar, por meio de instituições formais ou não, dos processos políticos (Norris, 1999). Apesar de as dimensões políticas estarem presentes no cotidiano dos cidadãos, nesse contexto, eles preferem rejeitar a política, atuando individualmente em vez de coletivamente (Baquero, 2010).

Dados de 2015 do Latinobarómetro (2018) revelam que 3,4% da população brasileira confia muito, 55,8% confia pouco e 36,2% não confiam no Congresso Nacional. Com relação aos partidos políticos, apenas 1% da população manifesta que confia muito, 45,2% confiam pouco e 51,4% não confiam nessas instituições. O Brasil não é exceção, pois outros países da América Latina apresentam estatísticas bem próximas.

(1.2)
O QUE É SISTEMA ELEITORAL?

Os sistemas eleitorais são estabelecidos institucionalmente com o objetivo de proporcionar e concretizar a representação política. O termo *sistema* refere-se a um conjunto de elementos que compõem um todo bem organizado. Em um sentido mais amplo, conforme José Antônio Giusti Tavares (1994), sistema eleitoral é um conjunto de regras que regulam a representação; tem início com o período eleitoral e termina com o processo de distribuição de cadeiras. Mais especificamente, trata-se de um conjunto de instrumentos, normas e mecanismos adotados em um país com o objetivo de organizar a prática política, constituindo, assim, a representação – distribuição e preenchimento das cadeiras nos poderes Legislativo e Executivo. No mesmo sentido, Jairo Nicolau (2012) considera que o sistema eleitoral é um agrupamento de regras que determinam como o eleitor fará suas escolhas e a maneira pela qual os votos serão computados e, logo, transformados em mandatos efetivos, ou seja, cadeiras no Legislativo e no Executivo.

Afonso Rocha (2010) contribui com essa discussão assegurando que é de extrema importância a escolha de um sistema eleitoral, tendo em vista que ele determina as condutas e impacta as tomadas de decisão dos atores políticos. Além disso, ele pode favorecer a representação geográfica, a fim de promover proporcionalidade de representação, e fomentar o desenvolvimento de partidos fortes e coesos, definindo o número de partidos e suas dimensões. Nenhum sistema eleitoral é perfeito, pois todos têm vantagens e desvantagens – o que aumenta ainda mais a importância dessa escolha.

Tavares (1994) menciona que um sistema eleitoral apresenta especificidades que o tornam uma combinação institucional única. Entretanto, há algumas características em comum entre os sistemas eleitorais. O cientista político Douglas Rae (1967) elenca três itens que se fazem presentes em todos eles: a magnitude do distrito eleitoral, a estrutura do voto e a fórmula eleitoral, a conforme explicamos sucintamente na introdução desta obra. No entendimento de Tavares (1994), há quatro características básicas e comuns a todos os sistemas eleitorais: o distrito eleitoral, a estrutura do boletim de voto, o procedimento da votação e a fórmula eleitoral.

A seguir, examinaremos cada uma dessas características.

Fabrícia Almeida Vieira

Distrito eleitoral[8]

O distrito eleitoral é delimitado territorialmente, podendo coincidir com as divisões territoriais ou administrativas ou com as divisões políticas. É a unidade em que se distribuem os votos entre partidos e candidatos.

Na definição de um distrito eleitoral, devem ser levados em consideração a extensão territorial, a quantidade de eleitores e o número de eleitos que representarão essa circunscrição. Além disso, é necessário seguir o princípio fundamental da equidade dos votos (um eleitor = um voto), ou seja, o voto possui o mesmo valor para qualquer eleitor. Tendo isso em conta, Tavares (1994) explica que três requisitos devem ser respeitados:

1. A magnitude[9] do distrito (M) deve ser equivalente ao número de eleitores.
2. É interessante evitar a formação de um distrito em que há maiorias étnicas, religiosas, linguísticas, ideológicas ou partidárias.
3. É indicado evitar a distritalização tendenciosa, que ocorre quando o distrito é formado para promover vantagem de determinado partido político ou candidato, isto é, para evitar que a circunscrição eleitoral seja formada por uma maioria de eleitores que tenham alguma preferência preexistente ao sistema eleitoral. Essa

---

8 Cada país atribui um nome diferente às divisões territoriais que formam a unidade básica eleitoral – constituency no Reino Unido, riding no Canadá, district nos Estados Unidos, zona eleitoral no Brasil, entre outros. Para tornar as unidades eleitorais comparáveis, Rae (1967) sugeriu o uso do termo distrito eleitoral, o qual passou a ser utilizado nos estudos sobre essa temática (Nicolau, 2012).

9 A magnitude se refere ao número de cadeiras que deverão ser distribuídas entre os distritos de acordo com a proporção do eleitorado. Em outras palavras, ela diz respeito ao número de cadeiras disponíveis em cada distrito e é reconhecida na literatura pela letra M. O Paraná, por exemplo, conta com 30 deputados federais; então, a magnitude desse estado é 30.

prática é mais comum (e fácil de acontecer) em países cujo sistema de representação é o majoritário.

> Um *boom* de distritalização tendenciosa ocorreu em Massachusetts, estado americano, com o governador Elbridge Gerry. Em 1812, ele redesenhou os distritos eleitorais e estabeleceu um distrito para favorecer os candidatos do Partido Republicano. Esse novo distrito tinha o formato de uma salamandra – em inglês, *salamander*. Desse modo, a prática recebeu o nome de *gerrymandering*.

Em países que adotam o sistema majoritário, como Reino Unido e Índia, os distritos eleitorais são criados exclusivamente para fins eleitorais. Já nos sistemas proporcionais, os distritos normalmente coincidem com as divisões territoriais. Isso acontece no Brasil, por exemplo, em que os municípios são os distritos para as eleições de vereadores e prefeitos; os estados são os distritos para as eleições de deputados estaduais e federais, governadores e senadores; e o território nacional é um distrito único para a escolha de presidente (Tavares, 1994; Nicolau, 2012).

Boletim de voto ou cédula eleitoral

O boletim de voto refere-se ao modo pelo qual a decisão do eleitor é formalizada, ou seja, à maneira pela qual ele pode se expressar. Esse meio de formalização da opinião do eleitor contribui para a compilação e a distribuição das cadeiras.

Essa formalização ocorre de maneiras distintas, dependendo do tipo de voto empregado no país. Brasil e Canadá, por exemplo, utilizam o voto categórico ou nominal, em que o eleitor, de modo geral, pode votar em apenas um partido ou um candidato. Enquanto o sistema adotado no Canadá possibilita ao eleitor que vote em um único partido ou candidato, no Brasil ele pode votar em um candidato de uma lista partidária. O voto ordinal, utilizado na Austrália, por

Fabrícia Almeida Vieira

exemplo, é outra maneira de formalizar o voto. Nesse caso, o eleitor não escolhe apenas um candidato ou partido, mas ordena os candidatos segundo sua preferência. Esses dois tipos de voto são sugeridos por Rae (1967).

Mais recentemente, o duplo voto, adotado na Alemanha, por exemplo, tornou-se outra opção para o eleitor, que conta com dois votos: o primeiro é concedido a um candidato distrital, cabendo ao eleitor escolher o deputado que representará seu distrito; o segundo é atribuído a um partido político, baseado na lista apresentada pelos partidos (Cintra, 2005).

Fórmula eleitoral

Elemento importantíssimo na determinação dos resultados do sistema eleitoral, a fórmula eleitoral refere-se a um conjunto de regras que transformam os votos em cadeiras ou em mandatos. O objetivo é definir o número de cadeiras legislativas que estarão disponíveis para cada partido. Tavares (1994) esclarece que há diversas fórmulas eleitorais, mas todas se oficializam em uma equação algébrica que envolve:

- número total dos votos obtidos dentro do distrito eleitoral;
- quantidade total de votos de cada partido ou candidato do distrito;
- número de representantes que serão eleitos no distrito;
- quantidade de representantes que cada partido elegerá.

A fórmula eleitoral é o meio mais usado para a classificação dos sistemas eleitorais. Nicolau (2012) sugere que há três grandes grupos de sistemas eleitorais: de representação majoritária, de representação proporcional e misto.

Nos sistemas **majoritários**, o candidato mais votado é eleito. A principal vantagem desse sistema é que os eleitores têm maior controle sobre as atividades dos representantes, já que tal sistema desenvolve governos unipartidários. Por outro lado, ele garante pouca proporcionalidade. O sistema de representação majoritário pode ser dividido em cinco variantes: i) maioria simples; ii) dois turnos e iii) voto alternativo, no caso de distritos uninominais; iv) voto único não transferível (do inglês *single non-transferable vote* – SNTV) e v) voto em bloco, para distritos plurinominais.

Já os sistemas eleitorais **proporcionais** garantem maior proporção entre os votos recebidos e a distribuição das cadeiras. Esse sistema produz uma diversidade na representação política, sendo interessante para países em que há intensas fragmentações étnicas, culturais e religiosas (Nicolau, 2012). No entanto, entre as desvantagens desse sistema está a de que ele tende a gerar menor controle sobre as ações dos representantes, pelo fato de dar origem a governos pluripartidá-rios. Ele pode ser subdividido em duas variantes: o voto único trans-ferível (do inglês *single transferable vote* – STV) e o sistema de lista.

Há também o sistema **misto**, adotado por países como Japão e Alemanha, por exemplo, que combina aspectos do sistema de repre-sentação proporcional e do majoritário. Procura aderir às principais vantagens desses dois tipos de sistema e pode ser subdividido em duas variantes: sistema misto paralelo e sistema misto de correção.

Até este ponto, demonstramos que o sistema eleitoral é extrema-mente importante, já que dita as regras que transformam os votos em poderes, isto é, em cadeiras. As regras são previamente definidas em todas as eleições, e o comportamento de candidatos e eleitores será diferente, dependendo das regras do jogo.

Nicolau (2012) fornece um bom exemplo sobre esse aspecto. No Brasil, as regras eleitorais nas eleições para prefeito variam con-forme o número de eleitores. O sistema de maioria simples é empre-gado nas cidades com menos de 200 mil eleitores. Já nas cidades que

Fabrícia Almeida Vieira

ultrapassam esse número, o sistema de dois turnos é empregado, caso nenhum dos candidatos alcance mais de 50% dos votos.

A primeira situação favorece uma disputa menos concorrida, com menos candidatos, uma vez que os partidos políticos têm somente uma oportunidade para barganhar alianças. Adiciona-se a essa conduta o comportamento dos eleitores, que, nesse contexto, tendem a votar em candidatos com mais chances de ganhar (voto útil), em vez de votar no candidato favorito. Na segunda situação apresentada, o primeiro turno tende a ser mais concorrido, com maior número de candidatos, tendo em vista que existe a possibilidade de os partidos políticos fazerem alianças no primeiro e no segundo turnos. O voto útil é um instrumento menos utilizado pelos eleitores no sistema de dois turnos.

As regras do sistema eleitoral determinam a quantidade de cadeiras a que o partido terá direito. Por isso, podemos afirmar que esse sistema tem a responsabilidade de distribuir as cadeiras (Nicolau, 2012), o que poderá ocorrer de diferentes maneiras, a depender do sistema adotado. O sistema proporcional tende a garantir maior equivalência entre os votos recebidos e a representação. Por exemplo, se um partido X receber cerca de 10% de votos em determinada eleição, ele terá chances de conquistar o equivalente a esse percentual em cadeiras no Legislativo. Contudo, se esse partido receber esse mesmo percentual de votos em um sistema de representação majoritário, ele praticamente não terá chances de conquistar uma cadeira.

É interessante observar que o sistema eleitoral não abrange todas as leis eleitorais presentes em um regime democrático. Outros aspectos estão envolvidos no processo eleitoral, como menciona Nicolau (2012): direito político (quem pode votar e quem pode ser votado); voto obrigatório ou facultativo; regulamento de uso dos meios de comunicação; gastos de campanha e fundo partidário; normas para a divulgação de pesquisas e de propagandas eleitorais.

Neste livro, não enfocaremos esses regulamentos eleitorais; porém, no capítulo sobre reforma política, analisaremos muitos desses aspectos que são alvo de discussão no âmbito acadêmico e no Congresso com vistas a possíveis modificações das regras vigentes, a fim de se alcançar o aprimoramento da democracia brasileira.

Sabemos que o sistema eleitoral varia conforme o âmbito da eleição – municipal, distrital, estadual ou nacional. Para tratarmos de cada sistema eleitoral, nesta obra nos deteremos ao plano nacional, no que se refere às normas implementadas nas eleições presidenciais, e ao âmbito estadual, quanto às eleições para o Legislativo.

Síntese

Neste primeiro capítulo, procuramos demonstrar que, para entender como a expressão *representação política* passou a ser usada no campo político, é importante compreender o contexto histórico do desenvolvimento das instituições. Como mencionamos, esse termo não era carregado do significado de "delegação" ou "autorização", tampouco estava vinculado às instituições políticas ou representantes. Foi somente em meados do século XVIII que ele ganhou conotação política, em consequência dos debates políticos. *Representar* passou a significar "estar no lugar de outros, atuar para outros, substituir".

Além disso, esclarecemos que a representação política se tornou necessária à medida que as sociedades foram evoluindo: o número de habitantes aumentou consideravelmente, o território nacional foi ampliado e o tempo para a participação política dos cidadãos diminuiu. Com isso, tal representação passou a ser fundamental nas democracias contemporâneas. Agora, os governantes são eleitos a fim de falar e de decidir em nome dos cidadãos.

Fabrícia Almeida Vieira

Apresentamos, ainda, os principais autores que contribuem para esse debate. Resumidamente, podemos afirmar que a representação política é uma prática relacional, entre representantes e representados. Ela tem início no contexto eleitoral, em que os governantes recebem autorização – por meio do voto atribuído em eleições periódicas – para tomarem decisões voltadas à sociedade. A representação ultrapassa o período eleitoral, e os representantes e suas ações ficam sujeitos ao julgamento (à avaliação) dos cidadãos. Com isso, ganha importância o exercício da prestação de contas, em que os governantes divulgam suas ações, decisões e realizações políticas.

Destacamos também, neste capítulo, que a representação política é viabilizada pelo sistema eleitoral, que é um conjunto de regras que determina a maneira pela qual o eleitor votará e como os votos serão contabilizados e convertidos em poder, isto é, como será constituída a representação política nos poderes Legislativo e Executivo. Esclarecemos que os sistemas eleitorais apresentam peculiaridades, sendo combinações únicas em cada país. Mesmo assim, elencamos quatro aspectos presentes em todo sistema eleitoral: o distrito eleitoral, o qual corresponde à delimitação territorial que compreende a unidade eleitoral em que se distribuem os votos; a estrutura do boletim de voto ou cédula eleitoral, que se refere ao modo pelo qual a decisão do eleitor será formalizada; o procedimento da votação, isto é, o tipo de voto adotado no país; e a fórmula eleitoral, elemento de grande importância para determinar o resultado das eleições.

Por fim, demonstramos que a classificação mais usual dos sistemas eleitorais é fundamentada na fórmula eleitoral. Há três grandes tipos de sistemas eleitorais: majoritário, proporcional e misto. Apontamos que a escolha do sistema eleitoral é extremamente importante, pois sua combinação determina os eleitos, as estratégias de campanha, a atuação dos partidos políticos e o comportamento do eleitorado.

Exercícios resolvidos

1. Quais foram as mais conhecidas restrições do direito ao voto no Brasil? Quais são os principais fundamentos da democracia representativa?

   O direito ao voto ampliado, também conhecido como *sufrágio universal*, é um dos pontos fundamentais da democracia representativa, mas nem sempre o direito ao voto foi ampliado. Sinteticamente, podemos destacar que a Constituição de 1824 determinava que somente homens livres, acima de 25 anos e com renda anual de no mínimo 10 mil réis tinham direito a voto. Nesse período, o voto era censitário, baseado na renda dos homens. Em 1882, porém, o voto censitário acabou. Contudo, teve início a fase do voto literário, que era limitado a homens de boa reputação, acima de 25 anos e alfabetizados.

   No período do governo de Getúlio Vargas, em 1932, o voto se tornou obrigatório e secreto, estendido às mulheres e aos homens com mais de 21 anos; também nessa época foi criada a Justiça Eleitoral. A Constituição de 1946 determinou a implementação do Tribunal Superior Eleitoral (TSE), e a idade mínima para votar diminuiu para 18 anos (Motta, 1999). Já na Constituição de 1988, o direito ao voto foi ampliado: voto obrigatório para mulheres e homens maiores de 18 anos; facultativo para analfabetos, para jovens de 16 a 17 anos e para idosos acima de 70 anos (Brasil, 1988).

   O sufrágio é um dos aspectos basilares da democracia representativa, já que com esse direito os cidadãos podem escolher seus representantes. Robert Dahl (2005) também contribui para esse debate, assegurando que outros elementos são fundamentais para o regime democrático, tais como: eleições livres, justas e constantes; liberdade de expressão; fontes alternativas de informação; e cidadania inclusiva. Essas características fazem a conexão entre a democracia e a representação (Manin; Przeworski; Stokes, 2006).

2. Apresente os sistemas eleitorais e suas características gerais.

A fórmula eleitoral é o quesito mais utilizado para determinar a classificação dos sistemas eleitorais. Assim, podemos afirmar que há três grandes grupos de sistemas eleitorais, cada qual com algumas variantes: majoritário, proporcional e misto. De modo geral, nos sistemas majoritários, o candidato mais votado é eleito. Esse método de representação gera governos unipartidários e, como consequência, os eleitores têm maior controle sobre as ações de seus representantes. Já as fórmulas proporcionais garantem que haja proporção entre os cargos disponíveis e os votos recebidos. Trata-se de um sistema interessante para ser adotado em países em que há intensas fragmentações étnicas, culturais e religiosas, por exemplo. Por fim, o sistema misto combina características dos sistemas majoritário e proporcional.

Questões para revisão

1. Explique o motivo pelo qual a representação política se tornou basilar nas democracias contemporâneas e discorra sobre o processo de modificação da representação política de acordo com Bernard Manin (1995a).

2. Segundo Manin (1995a), há quatro elementos fundamentais presentes nos governos representativos. Marque a alternativa que indica quais são eles:
   a) Eleições livres, justas e frequentes; autonomia para associações; cidadania inclusiva; governantes eleitos.
   b) Distrito eleitoral; boletim de voto ou cédula eleitoral; procedimentos para a votação; fórmula eleitoral.
   c) Governantes eleitos; representantes com certa autonomia em relação às vontades dos eleitores; liberdade de manifestação da opinião pública; decisões tomadas por meio de deliberação.
   d) Autorização; julgamento; prestação de contas; transparência.

3. Assinale V para as afirmações verdadeiras e F para as afirmações falsas e escolha, em seguida, a alternativa que contém a sequência correta:
   ( ) A representação política é viabilizada pelo sistema eleitoral.
   ( ) Sistema eleitoral é um conjunto de regras que regem o comportamento de partidos políticos, candidatos e eleitores.
   ( ) Há basicamente dois tipos de sistemas eleitorais: majoritário e proporcional. O sistema misto combina elementos dos sistemas majoritário e proporcional.
   ( ) Os sistemas eleitorais são distintos, mas apresentam três características em comum: distrito eleitoral, direito político e fórmula eleitoral.
   ( ) A classificação mais convencional dos sistemas eleitorais usa o distrito eleitoral como elemento central. Desse modo, os sistemas eleitorais podem ser classificados em três tipos: majoritário, proporcional e misto.

Fabrícia Almeida Vieira

a) V, V, V, F, F.

b) V, V, V, F, V.

c) V, F, F, V, V.

d) V, V, V, V, F.

4. Explique o que é um sistema eleitoral e qual é a importância dele em um regime democrático.

5. De acordo com Nicolau (2012), o sistema eleitoral não compreende todas as leis eleitorais de um regime democrático. Com base nessa afirmação, assinale a alternativa **incorreta**:

a) O sistema eleitoral determina quais cidadãos terão direitos políticos (direito ao voto), assim como regula as regras de acesso aos meios de comunicação e define o fundo partidário.

b) O sistema eleitoral rege, em uma eleição, o modo pelo qual o eleitor poderá atribuir seu voto.

c) O sistema eleitoral regula a maneira como os votos serão contabilizados e transformados em mandatos.

d) No entendimento de Tavares (1994), há quatro elementos presentes em todo e qualquer sistema eleitoral: distrito eleitoral; estrutura do boletim de voto ou cédula eleitoral; procedimento da votação; e fórmula eleitoral.

Questões para reflexão

1. Neste primeiro capítulo, demonstramos que a representação política é essencial na democracia contemporânea. Contudo, o baixo nível de confiança dos cidadãos nos atores (candidatos e representantes) e nas instituições políticas (partidos políticos e Parlamento) tornou-se um desafio dos

regimes democráticos, ocasionando a crise de representação. Levando isso em conta, explique quais são as razões para essa crise de representação e como isso poderia ser superado.

2. Uma corrente de autores da linha de estudo da comunicação política alega que a internet tem potencial de minimizar os problemas da representação política. Discorra sobre como essa tecnologia pode influenciar, positiva e negativamente, na democracia representativa.

Para saber mais

ANASTASIA, F.; MELO, C. R.; SANTOS, F. G. M. **Governabilidade e representação política na América do Sul**. Rio de Janeiro: Konrad-Adenauer-Stiftung; São Paulo: Ed. da Unesp, 2004.

O livro de Fátima Anastasia, Carlos Ranulfo Melo e Fabiano Guilherme Mendes Santos apresenta uma relevante discussão sobre os arranjos institucionais dos países da América do Sul. No primeiro capítulo, você poderá aprofundar-se em questões sobre a representação e os sistemas eleitorais nesse pedaço do continente.

MANIN, B. A democracia do público reconsiderada. Tradução de Otacílio Nunes. **Novos Estudos**, São Paulo, n. 97, p. 114-127, nov. 2013. Disponível em: <http://www.scielo.br/pdf/nec/n97/08.pdf>. Acesso em: 2 mar. 2018.

Nesse artigo, Bernard Manin tece importantes (re)considerações a partir de seu texto "As metamorfoses do governo representativo", publicado em 1995, sobre o processo de modificação da representação política.

Fabrícia Almeida Vieira

MEDEIROS, P. **Uma introdução à teoria da democracia**. Curitiba: InterSaberes, 2016.

Para aprofundar o entendimento sobre democracia direta e indireta, recomendamos a leitura da primeira parte desse livro de Pedro Medeiros, intitulada "Os conceitos de *democracia* para os antigos e para os modernos". O terceiro capítulo, intitulado "O governo representativo moderno", poderá ajudá-lo a compreender a introdução do governo representativo nas democracias contemporâneas.

MIGUEL, L. F. Representação política em 3-D: elementos para uma teoria ampliada da representação política. **Revista Brasileira de Ciências Sociais**, São Paulo, v. 18, n. 51, p. 123-139, fev. 2003. Disponível em: <http://www.scielo.br/pdf/rbcsoc/v18n51/15989.pdf>. Acesso em: 2 mar. 2018.

Nesse artigo, Luís Felipe Miguel discute o conceito de *representação política* a partir do conceito de *poder*. A leitura é válida para aprofundar-se nos aspectos que permeiam esse debate.

NICOLÁS, M. A. **Internet, parlamentares e contexto off-line**: websites parlamentares em contextos institucionais diferentes. 164 f. Tese (Doutorado em Sociologia) – Setor de Ciências Humanas, Letras e Artes, Universidade Federal do Paraná, Curitiba, 2015. Disponível em: <http://acervo-digital.ufpr.br/bitstream/handle/1884/37239/R%2 -%20 T%20-%20MARIA%20ALEJANDRA%20NICOLAS. pdf?sequence=3&isAllowed=y>. Acesso em: 2 mar. 2018.

Para saber mais sobre mandato imperativo *versus* mandato livre, leia o capítulo teórico da tese de doutorado de María Alejandra Nicolás.

POWER, T. J.; JAMISON, G. D. Desconfiança política na América Latina. Tradução de Pedro Maia Soares. **Opinião Pública**, Campinas, v. 11, n. 1, p. 64-93, mar. 2005. Disponível em: <http://www.scielo.br/pdf/op/v11n1/23695.pdf>. Acesso em: 2 mar. 2018.

Esse artigo apresenta uma breve discussão sobre a crise de representação e explica como ocorre a desconfiança dos cidadãos nos agentes e nas instituições políticas de países da América Latina.

ZITTEL, T. Political Representation in the Networked Society: the Americanization of European Systems of Responsible Party Government. **The Journal of Legislative Studies**, n. 9, p. 32-53, 2006.

Tomas Zittel é um autor que se destaca na literatura especializada sobre o impacto da internet na representação política. Com a leitura desse artigo pioneiro, você entenderá que o uso dessa tecnologia pode modificar as formas de representação, alterando a dinâmica da relação entre representantes e cidadãos.

Fabrícia Almeida Vieira

Capítulo 2

Os sistemas eleitorais nos
regimes democráticos
contemporâneos

Conteúdos do capítulo:

- Características dos sistemas eleitorais vigentes nas democracias contemporâneas.
- Funcionamento dos sistemas majoritário, proporcional e misto para eleições no Legislativo e no Executivo de países democráticos.

Após o estudo deste capítulo, você será capaz de:

1. reconhecer os diferentes formatos dos sistemas eleitorais que vigoram nas democracias contemporâneas;
2. compreender a composição dos poderes Legislativo e Executivo.

O sistema eleitoral é o caminho pelo qual a representação pode ser viabilizada. Há três grupos de sistemas eleitorais: majoritário, proporcional e misto. Cada um apresenta variantes com características, vantagens e desvantagens diferentes. Portanto, podemos assegurar que nenhum sistema é melhor do que outro. Alguns sistemas são mais simples, enquanto outros são mais complexos, valendo-se do uso de fórmulas matemáticas em seu funcionamento.

Existem muitas dúvidas sobre esse assunto. Elas podem ser resumidas na seguinte pergunta: Como são eleitos os representantes? Neste capítulo, buscaremos responder a esse questionamento ao tratarmos do modo como funcionam os sistemas majoritários, proporcionais e mistos para as eleições de integrantes da Câmara dos Deputados e de presidente, destacando as características desses sistemas em alguns países.

(2.1)
SISTEMA MAJORITÁRIO

A representação, no sistema majoritário, é conquistada pelo(s) candidato(s) ou partido(s) mais votado(s), e os demais partidos ficam sem representação. A maioria dos países que utilizam esse sistema desenha os distritos eleitorais de forma tal que cada distrito possui uma cadeira disponível para o Legislativo (M = 1). As principais variantes do sistema majoritário são: o sistema de maioria simples (ou distrital), o sistema de dois turnos (ou de maioria absoluta) e o voto alternativo, adotados em países com distritos uninominais;

o voto único não transferível (SNTV) e o voto em bloco, empregados em distritos plurinominais[1].

2.1.1 Maioria simples

Neste tópico, mostraremos como os membros do Legislativo são eleitos pelo sistema de maioria simples, que funciona de acordo com uma fórmula conhecida por ser descomplicada: independentemente do percentual de votos, o candidato mais votado é eleito. Tal sistema é empregado nas eleições para a Câmara dos Deputados em 17 países do mundo (Nicolau, 2012), entre os quais estão Reino Unido, Estados Unidos, Canadá, Jamaica, Gana, Malvinas e Índia.

Esse sistema de simples funcionamento se apresenta bem semelhante nos países em que vigora. O número de cadeiras disponíveis no Legislativo determina a quantidade de distritos eleitorais em que o território será dividido. Por exemplo, 70 distritos eleitorais correspondem a 70 cadeiras para disputa nas eleições. Apenas um candidato será eleito por distrito – sempre o mais votado.

O desenho dos distritos eleitorais é um desafio para os países que adotam o sistema de maioria simples. O primeiro ponto desse desafio é equilibrar as unidades eleitorais, para que não haja grande discrepância populacional entre os diferentes distritos. Outro ponto é fazer a delimitação territorial sem beneficiar ou prejudicar determinados partidos. Esse tema é alvo de intensos debates nos Estados Unidos, por exemplo. As fronteiras dos distritos desse país são revisadas a cada dez anos, conforme o censo populacional. É de responsabilidade

---

1   *Distritos uninominais são aqueles em que só há uma cadeira em disputa no distrito, isto é, apenas um representante é eleito por distrito. Por sua vez, distritos plurinominais são aqueles em que há duas ou mais cadeiras a serem disputadas, ou seja, mais de um representante é eleito por distrito (Nicolau, 2006b).*

das assembleias legislativas efetuar o desenho dos distritos dentro de cada Estado. Nicolau (2012) sugere que, em razão do fato de esse desenho ser feito por instituições políticas, pode haver manipulação que favoreça determinados partidos. A prática da manipulação das fronteiras dos distritos eleitorais é conhecida como *gerrymandering*, como mencionamos no capítulo anterior.

Para esclarercemos melhor como funciona o sistema majoritário de maioria simples, vamos examinar o caso dos Estados Unidos. A câmara desse país é formada por 435 deputados, que representam os 50 estados[2], os quais são divididos em distritos eleitorais, respeitando-se o número de representantes que cada um vai eleger. O número de deputados federais por estado é proporcional à população, mas cada estado tem direito a uma cadeira. Desse modo, regiões mais populosas têm mais representantes, e estados menores têm, no mínimo, um representante. Estados maiores são divididos em distritos de pelo menos 30 mil habitantes cada. A população de cada distrito elege um representante diferente, sendo que o número de distritos e representantes é sempre igual.

Na Figura 2.1, é possível observar a quantidade de distritos dos 50 estados que fazem parte dos Estados Unidos. A Califórnia, o mais populoso desse país, é dividida em 53 distritos (Pécora, 2010). Consequentemente, esse estado conta com 53 representantes no Legislativo. Estados menores, como Alaska, Delaware, Montana, Dakota do Norte, Vermont e Wyoming, têm apenas um distrito e, portanto, somente um representante.

---

2   *Há seis membros que não têm direito a voto, representando o Distrito de Columbia, a Comunidade de Porto Rico e outros quatro territórios.*

Figura 2.1 – Distritos eleitorais nos Estados Unidos (Censo 2010)

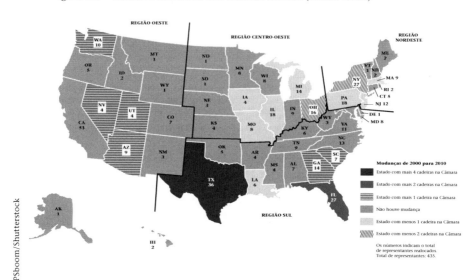

Fonte: Elaborado com base em United States Census Bureau, 2011.

Todos os cidadãos acima de 18 anos têm direito ao voto, independentemente de raça, religião, sexo, deficiência ou orientação sexual. Diferentemente do Brasil, os eleitores dos Estados Unidos precisam se registrar para votar, e as leis sobre o processo de registro variam de acordo com o estado. Somente em Dakota do Norte os eleitores não precisam fazer o registro para votar. As especificidades da condução das eleições também mudam conforme o estado, como determina a Constituição norte-americana (The White House, 2018).

De modo geral, cada partido pode apresentar um candidato por distrito, e o eleitor atribui o voto a um candidato de sua preferência. Na Figura 2.2, consta um exemplo de cédula eleitoral de um distrito dos Estados Unidos.

Figura 2.2 – Representação de modelo de cédula eleitoral dos Estados Unidos

	PRESIDENT AND VICE PRESIDENT (VOTE FOR ONE)	SENATE (VOTE FOR ONE)
A	POLITICAL PARTY A 1A ○ CANDIDATE A VICE A	POLITICAL PARTY A 2A ○ CANDIDATE A
B	POLITICAL PARTY B 1B ○ CANDIDATE A VICE A	POLITICAL PARTY B 2B ○ CANDIDATE B
C	POLITICAL PARTY C 1C ○ CANDIDATE A VICE A	POLITICAL PARTY C 2C ○ CANDIDATE C
D	POLITICAL PARTY D 1D ○ CANDIDATE A VICE A	POLITICAL PARTY D 2B ○ CANDIDATE D

RetroClipArt/Shutterstock

As instruções para o voto são bastante simples: com uma caneta azul, o eleitor precisa preencher o círculo no canto superior direito da cédula, que representa o nome do candidato de sua preferência – parecido com o preenchimento de um gabarito de prova. O eleitor deve votar em apenas um candidato, sob risco de ter seu voto anulado se preencher mais de um círculo. No caso de errar ou mudar de ideia, deve solicitar uma nova cédula.

Para vencer a eleição, o candidato precisa alcançar a maioria simples dos votos. Os deputados eleitos têm mandato de dois anos e podem se recandidatar. As eleições para esse cargo do Legislativo são conhecidas como *midterm election* (em português, *eleições de meio de mandato*), pois ocorrem na metade do mandato do presidente, a cada quatro anos. Dessa maneira, as eleições legislativas são tidas como um termômetro sobre a atuação governamental: no caso de vitória do partido da situação, entende-se que a população está aprovando as ações do governo atual; caso contrário, o resultado pode demonstrar insatisfação com o quadro vigente.

Fabrícia Almeida Vieira

A principal crítica a essa variante do sistema majoritário é que ele causa uma distorção entre a votação e a concretização da representação (Nicolau, 2012). Por exemplo, se o partido A foi o mais votado com 40% dos votos, isso significa que 60% dos votos foram destinados a outros partidos, mas, mesmo assim, o partido A foi eleito, ao passo que os demais ficam sem representação no Legislativo. A porcentagem majoritária não é levada em consideração para a distribuição das cadeiras, e isso pode gerar distorções na representação.

A proporção entre os votos populares e a distribuição das cadeiras não é exata no sistema de maioria simples. Tavares (1994) explica que um dos motivos para isso acontecer é que esse modelo tende ao bipartidarismo, ou seja, dois grandes partidos são os concorrentes principais na disputa eleitoral. Dessa forma, esse sistema gera a sub-representação dos pequenos partidos e a sobrerrepresentação dos grandes partidos, o que acaba ocasionando um distanciamento entre a realidade social e a representação na Câmara dos Deputados.

Um dos argumentos favoráveis ao sistema de maioria simples é que, por meio dele, os eleitores têm maior controle das atividades dos representantes. Isso porque um único governante é eleito para representar o distrito, permitindo que os eleitores saibam quem é o político que representa sua localidade. Consequentemente, há maior facilidade no acompanhamento das atividades parlamentares ao longo do mandato, e o contato com o deputado se torna mais estreito. Assim, o eleitor consegue utilizar o voto como recompensa (se for reeleito) ou punição (em caso de não reeleição). Nesse sentido, a dimensão do distrito eleitoral é ressaltada pelos defensores desse sistema.

A governabilidade é outro aspecto presente no argumento dos defensores dessa variante do sistema majoritário. A fórmula de maioria simples tem a capacidade de gerar governos em que um único partido detém a maioria absoluta das cadeiras da Câmara dos Deputados.

Sistemas eleitorais comparados

O objetivo final desse sistema é formar um governo sólido e estável, fundamentado em uma maioria parlamentar compacta e disciplinada (Tavares, 1994).

Como os presidentes são eleitos no sistema de maioria simples?

O sistema de maioria simples funciona da mesma maneira nas eleições para presidente: o candidato mais votado é eleito, sem outras requisições. Até os anos 1980, esse modelo foi o mais utilizado em países presidencialistas. Atualmente, como menciona Nicolau (2012), tal sistema é empregado nas eleições presidenciais de 12 países, entre eles Coreia do Sul, Filipinas, Islândia, México e Paraguai.

Esse sistema foi utilizado no Brasil ao longo de sua história especificamente nas eleições para o Executivo: presidente (de 1945 a 1965), governadores (de 1945 a 1965 e, depois, em 1982 e 1986) e prefeitos (de 1945 a 1965 e de 1966 a 1988). Na Constituição de 1988, foi estabelecido que o sistema de maioria simples continuaria valendo nas eleições para o cargo de prefeito em municípios com menos de 200 mil eleitores (Brasil, 1988). Nessas cidades, não há segundo turno, então o candidato mais votado ganha.

A principal desvantagem desse sistema, no âmbito das eleições presidenciais, é que um candidato pode ser eleito com um número reduzido de votos. Basta observarmos os percentuais de votos dos presidentes eleitos no Brasil no período em que o sistema de maioria simples era vigente para esse cargo: Eurico Gaspar Dutra (55%); Getúlio Vargas (49%); Juscelino Kubitschek (36%); e Jânio Quadros (48%) (Nicolau, 2012).

Vamos considerar mais de perto o caso de Juscelino Kubitschek. Como mostra a Tabela 2.1, em 1955, ele concorreu com outros três candidatos ao cargo de presidente da República.

Tabela 2.1 – Eleição para presidente do Brasil em 1955

Candidato	Votos	Proporção
Juscelino Kubitschek	3.077.411	35,68%
Juarez Távora	2.610.462	30,27%
Adhemar de Barros	2.222.725	25,77%
Plínio Salgado	714.379	8,28%

Fonte: Adaptado de Brito, 2018b.

Juscelino ganhou as eleições com 36% dos votos, mesmo que os demais candidatos tenham atingido percentuais muito próximos: 30% e 26% (exceto Plínio Salgado, com 8% dos votos). No sistema de maioria simples, é comum que o candidato eleito não alcance 50% dos votos – um aspecto negativo provocado por esse método.

Eleição para presidente nos Estados Unidos

O sistema para eleger o presidente dos Estados Unidos não é de maioria simples. No entanto, como neste tópico estamos utilizando esse país de exemplo, a fim de esclarecermos como funciona o sistema de maioria simples nas eleições para o Legislativo, vamos analisar como se desenrola o processo que elege o presidente norte-americano.

O voto em bloco partidário é o sistema eleitoral adotado nas eleições presidenciais dos Estados Unidos (exceto nos estados de Nebraska e Maine). Seguindo os mesmos procedimentos adotados nas eleições para o Legislativo, os eleitores atribuem o voto ao nome do candidato de sua preferência. Entretanto, o presidente desse país não é eleito pelo voto direto, mas pelo voto indireto, via Colégio Eleitoral.

O Colégio Eleitoral norte-americano é formado por 538 delegados, que são selecionados nos 50 estados, inclusive na capital.

A quantidade de delegados por estado varia conforme o somatório de senadores e deputados federais. O responsável pela escolha dos delegados é o partido político mais votado no estado. "Por exemplo, nas eleições de 2008, o candidato Barack Obama obteve 55% dos votos no Colorado e elegeu os nove delegados do estado no colégio; portanto, com 55% dos votos o candidato democrata elegeu 100% dos delegados" (Nicolau, 2012, p. 48).

Os delegados se reúnem em seus próprios estados, sem necessidade de uma reunião nacional. O resultado é enviado ao Senado, local em que ocorre a apuração. Para vencer, o candidato à presidência precisa conquistar o voto de 270 delegados, o que corresponde a mais de 50% dos votos. A eleição presidencial nos Estados Unidos causa muita confusão. Ao longo da campanha, pesquisas de opinião revelam qual é a preferência do eleitorado, gerando a impressão de que o presidente será eleito via voto direto. Porém, o resultado das eleições é determinado pelos delegados.

Nas eleições de 2016, por exemplo, os dois principais candidatos foram Hillary Clinton, do Partido Democrata, e Donald Trump, do Partido Republicano. A democrata conquistou mais votos populares, com 60.274.974, enquanto o republicano ficou com 59.937.338 – uma diferença de 337.636 votos. Com esse resultado, a vitória seria atribuída a Hillary Clinton, correto? Não sob a lógica do Colégio Eleitoral. Quem decide são os delegados; então, é preferível ganhar em muitos estados a ter muitos votos populares. Hillary venceu em 20 estados e na capital Washington, o que corresponde a 228 votos dos delegados do Colégio Eleitoral. Donald Trump, por sua vez, ganhou em 29 estados, totalizando 290 votos do Colégio Eleitoral – mais de 50% dos votos (Por que..., 2016).

Fabrícia Almeida Vieira

2.1.2 Sistema de dois turnos

O sistema de dois turnos também é conhecido como *sistema de maioria absoluta*. Suas características gerais se assemelham às do sistema de maioria simples: o país divide-se em distritos eleitorais uninominais, cada partido apresenta um candidato por distrito, e os eleitores podem votar em um único candidato. O que difere esse sistema do de maioria simples é a exigência de que, para ser eleito, um dos candidatos deve alcançar a maioria absoluta, isto é, mais de 50% dos votos válidos. Se isso não ocorrer, os candidatos mais votados devem concorrer no segundo turno, em uma nova eleição. Geralmente, são os dois candidatos com mais votos que concorrem no segundo turno; no entanto, em alguns países, mais de dois candidatos podem disputar a segunda fase das eleições. Esse sistema normalmente é empregado em eleições para o Executivo.

Novamente, vamos analisar primeiro como esse sistema funciona nas eleições para o Legislativo. A França é um bom exemplo de sistema de dois turnos. Esse país está dividido em 555 distritos eleitorais uninominais, cada um com aproximadamente 70 mil eleitores. Cada partido apresenta um candidato por distrito. Para ser eleito, o candidato precisa alcançar a maioria absoluta dos votos. Se isso não acontecer, a disputa irá para o segundo turno. Nessa fase, concorrem todos os candidatos que receberam mais de 12,5% do total dos votos válidos (Nicolau, 2012).

É raro haver segundo turno em um distrito, mas isso pode acontecer. Nas eleições de 2012, por exemplo, o distrito francês de Lingolsheim teve segundo turno. A Tabela 2.2 apresenta os resultados eleitorais dessa comuna francesa.

Tabela 2.2 – Eleições para deputado federal no distrito de Lingolsheim, na França, em 2012

Candidato	Partido	1º Turno		2º Turno	
		N. de votos	%	N. de votos	%
Sophie Rohfritsch	UMP	21.951	43,9	29.154	65,1
Julien Ratcliffe	FG	1.117	2,2	–	
Pascale Elles	FN	7.987	16	–	
Luc Huber	EEV	2.347	4,7	–	
Nadine Soccio	PS	11.646	23,3	15.665	34,9
9 outros	–	4.910	9,8	–	
Total		49.958		44.819	

Fonte: Adaptado de French Republic, 2018, tradução nossa.

O total dos votos válidos foi de 49.958; portanto, para se eleger, o candidato precisaria obter aproximadamente 25 mil votos (mais de 50%). Observe que, no primeiro turno, nenhum dos candidatos atingiu mais de 50% dos votos. Desse modo, a disputa foi para o segundo turno com as candidatas mais votadas, ou melhor, aquelas que receberam mais de 12,5% do total dos votos válidos: Sophie Rohfritsch, com 21.951 (43,9%), e Nadine Soccio, com 11.646 votos (23,3%). No segundo turno, a disputa se encerrou com a vitória de Sophie, que obteve 65,1% dos votos, o equivalente a 29.154 dos votos válidos.

Nesse caso, apenas duas candidatas alcançaram mais de 12,5% dos votos; no entanto, se uma terceira pessoa tivesse atingido esse percentual no primeiro turno, também concorreria na segunda fase das eleições. Outra observação interessante é que a ganhadora obteve mais de 50% dos votos válidos em uma disputa entre duas candidatas.

Fabrícia Almeida Vieira

Se houvesse mais de duas pessoas na disputa do segundo turno, um candidato poderia ser eleito com menos de 50% dos votos.

Assim como o sistema anteriormente abordado, o de dois turnos possibilita que o eleitor tenha maior controle das atividades parlamentares. Além disso, segundo o argumento de seus defensores, ele garante a representação de comunidades no Parlamento. A vantagem mais relevante diz respeito ao fato de esse sistema produzir candidatos eleitos com uma votação mais expressiva, pois assegura que o eleito tenha maioria absoluta dos votos, o que lhe confere maior legitimidade.

Maurice Duverger (1968) afirma que o sistema de dois turnos favorece mais os partidos pequenos, porque o eleitor tende a votar com mais sinceridade no primeiro turno, atribuindo o voto ao candidato de sua preferência, enquanto, no segundo turno, tende a recorrer ao voto útil, votando no candidato com mais chances de ganhar. Mesmo assim, tudo indica que, para conquistarem a representação, os partidos pequenos precisam de muitos votos em determinados distritos (Nicolau, 2012).

Perguntas & respostas

O que é voto útil?

O voto útil, também chamado de *voto estratégico*, é empregado pelo eleitor que analisa que seu candidato preferido não tem muitas chances de ganhar. Assim, em vez de votar em seu favorito, atribui o voto àquele que apresenta maior probabilidade de vencer. As pesquisas eleitorais podem servir como instrumentos para o eleitor traçar suas estratégias e fazer sua escolha.

Vamos imaginar que uma pesquisa eleitoral, em determinada eleição, mostre o seguinte resultado para as intenções de voto: Tulipa (38%), Cravo (27%), Rosa (22%) e Alecrim (13%). O eleitor Z, que emprega o voto útil, prefere que Rosa seja sua próxima representante e, por isso, pretende votar nela. No entanto, ao visualizar o resultado da pesquisa eleitoral, ele modifica seu voto para Tulipa, já que ela é a candidata com mais chances de ganhar. A lógica que esse eleitor usa é evitar que seu voto seja "perdido" ou "desperdiçado" com um candidato que não tem chances plausíveis de vencer[3].

Como os presidentes são eleitos pelo sistema de dois turnos?

O sistema de dois turnos é o mais empregado nos países presidencialistas, e suas regras não mudam. Para ser eleito no primeiro turno, o candidato precisa alcançar mais de 50% dos votos; caso contrário, os dois candidatos mais votados disputam o segundo turno. Nas eleições presidenciais, não há possibilidade de mais de dois candidatos concorrerem no segundo turno. Trinta e três países adotam esse modelo, entre os quais estão Brasil, Chile, Colômbia, França, Portugal e Uruguai.

Em algumas nações, esse sistema é mais flexível. Na Costa Rica, por exemplo, o candidato precisa alcançar pelos menos 40% dos

---

3   Sabe-se que é extremamente difícil mensurar como os eleitores determinam seus votos, já que existem diversas lógicas que podem ser adotadas. Para aprofundar o estudo sobre essa questão, você pode ler o livro A cabeça do eleitor: estratégia de campanha, pesquisa e vitória eleitoral, de Alberto Carlos Almeida (2008).

votos para vencer as eleições já no primeiro turno. Na Nicarágua, o eleito é aquele que alcançar um mínimo de 45% dos votos. Já na Bolívia, é necessário receber mais de 50% dos votos e, se nenhum dos concorrentes obtiver esse percentual, caberá ao Congresso escolher um dos dois candidatos mais votados (Tavares, 1994).

2.1.3 Voto alternativo

O voto alternativo garante que serão eleitos aqueles que receberem a maioria absoluta dos votos, sem necessidade de segundo turno. Como isso é feito? Por meio de um complexo procedimento de transferência de votos, dos candidatos menos votados para os demais.

Esse método de seleção de representantes, conforme Nicolau (2012), é utilizado nas eleições para o Legislativo somente em dois países: Austrália e Papua-Nova Guiné. Nele, o eleitor ordena os candidatos de acordo com sua preferência. Ou seja, em vez de votar em um nome, como acontece nos sistemas anteriormente mencionados, no voto alternativo o eleitor coloca um número ao lado de cada nome, classificando suas preferências: (1) para o nome de sua preferência, (2) para sua segunda opção, e assim por diante. Observe, na Figura 2.3, um exemplo hipotético de cédula eleitoral da Austrália e a maneira como ocorre a distribuição do voto.

Figura 2.3 – Representação de modelo de cédula eleitoral da Austrália para eleição de deputado federal

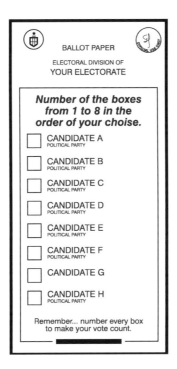

O voto só será válido se o eleitor ordenar todos os candidatos. O candidato eleito será aquele que conquistar mais de 50% dos votos em primeira preferência. Se nenhum candidato atingir esse percentual, terá início um trabalho árduo para a apuração dos votos. Resumidamente, esse trabalho consiste em eliminar da disputa o candidato menos votado, transferindo seus votos para os demais candidatos, até que um deles receba mais da metade dos votos. Esse processo ocorre manualmente: "o apurador examina a pilha dos votos do eliminado e verifica que candidato representa a segunda preferência do eleitor, repassando o voto a esse candidato" (Nicolau, 2012, p. 37).

Vejamos um exemplo fornecido por Jairo Nicolau (2012). O caso ocorreu na Austrália, no distrito de Hinkler, na região de Queensland, em 1998. Seis candidatos estavam concorrendo ao Legislativo, com uma cadeira em disputa. O número total de votos obtidos foi de 72.356 e, para ser eleito no primeiro turno, um candidato precisaria atingir 36.179 votos – mais de 50% dos votos válidos. Todavia, nenhum dos candidatos alcançou esse número de votos. Então, iniciou-se o processo de transferência de votos.

A candidata menos votada foi Cindy Rolls (com 309 votos), sendo ela a eliminada da primeira rodada. Seus votos foram distribuídos para os outros candidatos de acordo com a ordem de preferência dos eleitores. A segunda opção da maioria dos eleitores que votaram em Cindy foi o candidato Lance Hall, por isso ele ficou com a maior parte dos votos – 116 dos votos –, e outra parcela dos votos foi distribuída para os demais candidatos (observe, na Tabela 2.3, a coluna da transferência 1).

Tabela 2.3 – Exemplo do procedimento de transferência de votos

Candidato	Votos	Transf. 1	Result. 1	Transf. 2	Result. 2	Transf. 3	Result. 3	Transf. 4	Result. 4	
Paul Neville (Partido Nacional)	26.471	+ 45	26.516	+ 223	26.739	+ 807	27.546	+ 8.877	36.423	Eleito
Cheryl Dorron (Partido Trabalhista)	29.021	+ 39	29.060	+ 353	29.413	+ 987	30.400	+ 5.533	35.933	
Ray Pearce (Partido Verde)	1.139	+ 48	1.187	Elimin.						
Marcus Ringuet (Nação Única de Hanson)	13.739	+ 61	13.800	+ 169	13.969	+ 441	14.410	Elimin.		
Lance Hall (Partido Democrata Australiano)	1.677	+ 116	1.793	+ 442	2.235	Elimin.				
Cindy Rolls (Conselho Eleitoral dos Cidadãos)	309	Elimin.								

Fonte: Adaptado de Nicolau, 2012, p. 38-39.

Após a primeira transferência, nenhum dos candidatos obteve mais da metade dos votos válidos, então foi realizada uma segunda rodada. O segundo candidato menos votado foi Ray Pearce, com 1.187 votos. Desse modo, ele foi eliminado, e seus votos foram transferidos. Novamente, Lance Hall recebeu a maioria dos votos (442), seguindo a preferência dos eleitores. Observe que, mesmo após a segunda transferência, nenhum dos candidatos conseguiu alcançar a maioria absoluta. Portanto, foram realizadas mais duas rodadas, em que Lance Hall (na terceira transferência) e, por fim, Marcus Ringuet (na quarta transferência) foram eliminados. Somente assim o candidato Paul Neville conquistou a maioria absoluta e foi eleito com 50,3% dos votos.

Vamos analisar a situação: Paul Neville, no sistema de voto alternativo, só foi eleito pela transferência dos votos, pois no início da contabilização ele era o segundo colocado. Em um sistema de maioria simples, Cheryl Dorron seria o eleito. Já no sistema de dois turnos, Paul e Cheryl disputariam o segundo turno.

Assim, é possível perceber que no sistema de voto alternativo, o candidato precisa alcançar mais votos em primeira preferência e estar bem posicionado na ordenação dos eleitores. Uma das vantagens do processo de transferência de votos é que esse sistema acaba dificultando a eleição de candidatos que sofrem forte rejeição. Consequentemente, o representante eleito tem maior apoio dos eleitores.

No entanto, o sistema de voto alternativo não elimina as distorções entre a votação e a representação dos partidos. Ainda sobre a Austrália, "os dois maiores partidos (Trabalhista e Liberal) têm sido frequentemente sobrerrepresentados, em detrimento dos pequenos partidos. [...] Outra distorção que tem ocorrido com frequência na

Austrália é o partido com mais votos não obter a maioria das cadeiras" (Nicolau, 2012, p. 40).

A Irlanda é o único país que utiliza o sistema de voto alternativo – o qual funciona de acordo com as regras mencionadas – para eleger o presidente.

2.1.4 SISTEMAS MAJORITÁRIOS EM DISTRITOS PLURINOMINAIS: O VOTO ÚNICO NÃO TRANSFERÍVEL (SNTV) E O VOTO EM BLOCO

Como afirmamos no início deste capítulo, os sistemas abordados até este ponto são aplicados em distritos uninominais. Por sua vez, o voto único não transferível (do inglês *single non-transferable vote – SNTV*) e o voto em bloco são possibilidades de sistemas empregados em distritos plurinominais.

O SNTV é usado em Vanuatu, uma ilha do Pacífico com 200 mil habitantes. No Brasil, esse sistema é conhecido como *Distritão*. Seu andamento é de fácil compreensão: cada partido pode apresentar um número de candidatos em cada distrito equivalente ao número de cadeiras a serem disputadas. Por exemplo, um distrito com cinco cadeiras e cinco partidos teria um total de 25 candidatos – caso todos os partidos apresentassem o número total de candidatos. O eleitor pode votar em somente um dos nomes, e os candidatos eleitos são os cinco mais votados.

Nas palavras de Nicolau (2012, p. 41-42):

Como os votos dos candidatos de um mesmo partido não são somados, o desempenho final dos partidos no SNTV está associado ao número de candidatos apresentados e da dispersão de votos destes. Um partido pode apresentar muitos candidatos e correr o risco de não eleger nenhum, caso a dispersão de votos entre eles seja muito grande. Por outro lado, a alta votação em um único candidato também não é interessante, pois ele não tem como transferir esses votos para seus colegas de partido.

Uma das vantagens desse sistema é que pequenos partidos têm mais chances de conquistar representação. Entre 1947 e 1993, por exemplo, o Japão utilizou esse sistema, sendo que havia um número expressivo de pequenos partidos compondo a Câmara dos Deputados desse país. Apesar disso, esse modelo também é alvo de críticas. Uma delas é de que ele intensifica a disputa entre os candidatos durante o período eleitoral, impulsionando redes de assistência pessoal e políticas particulares, reforçando práticas clientelistas[4] (Scheiner, 2006).

A maior diferença entre o SNTV e o voto em bloco é que neste o eleitor pode votar no número de candidatos correspondente ao número de cadeiras. Então, seguindo o mesmo exemplo, é possível votar em até cinco candidatos. Os mais votados, particularmente, serão os eleitos. De acordo com Nicolau (2012), o sistema de voto em bloco também incentiva uma competição mais acirrada entre os candidatos, podendo provocar efeitos semelhantes aos observados no SNTV. Porém, os partidos adquirem maior capacidade na coordenação de campanhas, tendo em vista que os eleitores podem votar em nomes da mesma legenda.

(2.2)
SISTEMA DE REPRESENTAÇÃO PROPORCIONAL

Até o final do século XIX, muitos países ocidentais utilizavam os princípios majoritários como sistema eleitoral. O século XX, no entanto, revelou-se um período marcado por mudanças nas instituições

---

4   *Conforme Scheiner (2006), entende-se* clientelismo *como uma prática de barganhar benefícios em troca de apoio de eleitores ou instituições.*

representativas em alguns países europeus – como o sufrágio universal, a criação de novos partidos e o aumento da competição eleitoral. Com essas modificações, surgiu a necessidade da representação de grupos minoritários (Rabat, 2014). Na seção anterior, mostramos que o sistema majoritário não garante a representação de minorias, mas sim de grupos majoritários. O sistema de representação proporcional, por sua vez, originou-se justamente da necessidade da adoção de um sistema eleitoral que garantisse a representação de minorias. A solução inicial foi tentar aderir a versões modificadas do sistema majoritário. Apareceram, então, vários projetos de sistema proporcional.

Em conformidade com Nicolau (2012, p. 50-51), nesse período, o debate sobre o sistema proporcional

> *concentrou-se em duas propostas: o voto único transferível e o modelo de lista. O primeiro é um sistema bastante complexo e está mais preocupado em assegurar que opiniões relevantes na sociedade estejam garantidas no Legislativo, mesmo que elas não encontrem abrigo em um único partido. O sistema de lista tem como propósito garantir que cada partido obtenha, no Legislativo, representação proporcional a seus votos. Diferentemente dos sistemas majoritários, ambos têm como ponto central o cálculo de uma cota.*

O sistema de representação proporcional foi empregado primeiramente na Bélgica, em 1899, para as eleições do Legislativo (Tavares, 1994; Nicolau, 2012). Depois disso, várias nações o adotaram. Esse sistema atualmente vigora na maioria dos países da Europa (27 de 39) e da América Latina (15 de 20) – Espanha, Portugal, Argentina e Brasil são alguns exemplos. A principal defesa para a adoção e manutenção desse sistema é que ele é uma boa opção para países com muitas diversidades étnicas e/ou religiosas, tendo em vista que confere oportunidades de representação aos grupos minoritários.

Fabrícia Almeida Vieira

No sistema proporcional, os partidos políticos são os atores centrais. No período eleitoral, cada partido apresenta uma lista de candidatos, e o eleitor vota em um nome de uma das listas. A distribuição das cadeiras ocorre de acordo com a fórmula eleitoral adotada, a qual busca assegurar que cada partido obtenha uma participação percentual no todo parlamentar, ou seja, a distribuição das cadeiras deve respeitar o percentual de votos recebidos pelos diferentes partidos (Tavares, 1994).

Usam-se fórmulas eleitorais variadas a fim de viabilizar a representação proporcional. Tavares (1994) argumenta que essa proporcionalidade é definida, basicamente, pela fórmula eleitoral e pela magnitude dos distritos, ou seja, a fórmula eleitoral definirá a equidade na distribuição das cadeiras. Com relação à magnitude do distrito, quanto maior for o tamanho dos distritos, maiores serão as chances de os resultados eleitorais representarem a proporcionalidade. A representação proporcional requer distritos plurinominais com magnitude elevada ou média[5].

Um fator negativo, mencionado por Nicolau (2012), é que a equidade na relação entre votos e representação pode dificultar a governabilidade. Isso porque nesse sistema os pequenos partidos têm mais chances de conquistar a representação, o que contribui para a formação de um Parlamento fragmentado (com múltiplos interesses). Como consequência, há dificuldade no presidencialismo – na composição de bases de apoio – ou no parlamentarismo – na formação de gabinetes.

Há muitas combinações possíveis com relação ao sistema de representação proporcional. Isto é, não existem sequer dois países em que

---

5   Tavares (1994) alerta que, caso o sistema de representação proporcional seja aplicado em distritos com magnitude baixa, as fórmulas eleitorais gerarão resultados próximos aos do sistema majoritário, tendendo à bipartidarização da disputa eleitoral.

esse sistema funcione do mesmo modo. Nicolau (2012) sugere uma forma de distinguir o funcionamento do sistema proporcional em cada nação, com base em cinco perguntas, para as quais os diferentes países certamente apresentarão respostas diversas.

As perguntas propostas por Nicolau (2012) são:

1. O país é dividido em quantos distritos e quantas cadeiras há em cada um deles?
2. Qual é a fórmula eleitoral utilizada?
3. Há cláusula de barreira?
4. Há coligação partidária nas eleições?
5. Qual é o tipo de lista adotado?

A seguir, mostraremos como é possível responder a essas questões.

2.2.1 Magnitude do distrito (M)
e distribuição das cadeiras

A magnitude de um distrito eleitoral determina qual será o número de concorrentes que poderão ser eleitos em tal distrito. A magnitude não deve ser entendida como sinônimo de *dimensão geográfica* (Lijphart, 2003). Como já mencionamos, esse fator assegura se o resultado eleitoral será mais ou menos proporcional. A magnitude e a proporcionalidade são associadas positivamente, pois, quanto mais cadeiras estiverem em disputa, maiores serão as chances de um pequeno partido conquistar a representação. Assim, quanto maior for a magnitude do distrito, maior será a proporcionalidade dos resultados e da distribuição das cadeiras (Tavares, 1994; Nicolau, 2012).

Geralmente, a câmara baixa é formada por deputados eleitos em diferentes distritos. Como os distritos não têm o mesmo número de habitantes, a quantidade de cadeiras muda de região para região. Essa

Fabrícia Almeida Vieira

é a situação do Brasil, por exemplo, em que o número de cadeiras por estado é definido respeitando-se a quantidade de habitantes. Como explana Vieira (2017), a Constituição Federal brasileira estabelece o mínimo de oito e o máximo de setenta deputados para cada estado (esta questão será mais bem discutida no Capítulo 5).

A distribuição de cadeiras também pode acontecer igualitariamente, ou com menor discrepância, entre os distritos. Segundo Vieira (2017), a Câmara dos Deputados do Uruguai, por exemplo, é constituída por 99 membros, eleitos por 19 distritos eleitorais. A quantidade de deputados por distrito varia conforme a lei eleitoral, mas cada estado conta com, pelo menos, dois representantes nessa casa legislativa.

Há também a alocação de cadeiras em distrito único/distrito nacional. Ainda utilizando o exemplo do Uruguai, o Senado desse país é formado por 31 membros. Os parlamentares que o compõem são escolhidos por meio do voto em um distrito único nacional, ou seja, o distrito eleitoral para esse cargo corresponde ao território nacional. Desse modo, os candidatos às vagas do Senado precisam fazer campanha em nível nacional (Llanos; López, 2004)[6].

2.2.2 Fórmulas eleitorais

A fórmula eleitoral é extremamente importante para o sistema de representação proporcional, pois ela é responsável por determinar como as cadeiras serão distribuídas entre os partidos. Em outras

---

6   Nicolau (2012) chama atenção para o fato de que, além de a alocação das cadeiras ocorrer em distritos regionais e nacionais, há maneiras mais complexas de fazer isso. Alguns países, como a Áustria e a Grécia, adotam o método da distribuição das cadeiras via estágio. Esse procedimento aumenta a probabilidade de que pequenos partidos conquistem cargos, em virtude da agregação dos votos de diferentes distritos.

palavras, a fórmula eleitoral estabelece os critérios para fazer a conversão dos votos em cadeiras. Como fazer essa distribuição? Os dois tipos de métodos mais empregados são o de **maiores sobras** e **divisores**. Os métodos de maiores sobras se baseiam em cotas. Eles determinam uma cota fixa que os partidos devem atingir para conquistar uma cadeira. Isso significa que, quanto mais vezes o partido alcançar a cota, mais terá cadeiras a ocupar. Por exemplo, se um partido atingir três vezes o número da cota, terá direto a três cadeiras no Parlamento. Geralmente, ao final da distribuição das cadeiras por meio das cotas, algumas não são preenchidas. Assim, em um segundo momento, o restante das cadeiras é direcionado aos partidos que tiveram as maiores sobras. No segundo método, dos divisores, os votos dos partidos são divididos por números em série. Os partidos que obtiverem os maiores divisores conquistarão a representação.

De que forma as cotas são calculadas? Há várias fórmulas que têm esse propósito. Uma delas, a mais simples, é a **cota de Hare**, em que se divide o total de votos em um distrito pelo número de representantes a serem eleitos (ou pelo número de cadeiras a serem distribuídas). Essa fórmula, de acordo com Nicolau (2012), é aplicada em alguns países da América Latina, como Costa Rica, Nicarágua, Honduras e Guatemala. Há também a **cota de Droop**, em que se usa o resultado obtido pela divisão mencionada anteriormente (número total de votos dividido pela quantidade de cadeiras a serem preenchidas) acrescido do número 1. A cota de Droop é empregada na Eslováquia, na Eslovênia e na África do Sul.

Para que você compreenda melhor o funcionamento dessas fórmulas, imagine a seguinte situação: em um distrito com dez cadeiras disponíveis, o número total de votos obtidos foi de 150 mil. Como serão distribuídas as cadeiras? Seguindo a cota de Hare, teríamos o resultado de 15.000 votos (150.000/10). Já na lógica da cota de

Fabrícia Almeida Vieira

Droop, o resultado seria de aproximadamente 13.638 votos [150.000/(10+1)]+1.[7]

Mas o processo de alocação de cadeiras não se resume a isso. Depois de efetuar o cálculo da cota a partir do número total de votos, deve-se prosseguir com o cálculo do quociente partidário, que se refere à divisão do número de votos de cada partido pela cota de Hare. Tomando-se o mesmo exemplo, a Tabela 2.4 apresenta como ocorre a alocação de cadeiras a partir da cota de Hare.

Tabela 2.4 – Alocação de cadeiras pela cota de Hare

Partido	Votos válidos	Cota de Hare	Votos/ cota de Hare	Cadeiras alocadas pela cota	Sobras	Cadeiras alocadas pelas sobras	Total de cadeiras
A	35.000	15.000	2,333	2	333	–	2
B	29.500	15.000	1,966	2	966	1	3
C	16.000	15.000	1,066	1	66	–	1
D	58.500	15.000	3,900	3	900	1	4
E	11.000	15.000	0,733	–	733	–	0
Total	150.000	–	–	8	–	–	10

Nesse exemplo hipotético, há cinco partidos disputando um total de dez cadeiras. Para calcular o quociente partidário, basta dividir o número dos votos válidos de cada partido pelo valor da cota de Hare. Vejamos o resultado para o partido D, que conquistou o maior número de votos: 58.500 (votos válidos do partido D) / 15.000 (cota de Hare),

---

7   *Para conhecer mais detalhes sobre as cotas eleitorais de maiores sobras, consulte a obra,* Sistemas eleitorais nas democracias contemporâneas: teoria, instituições, estratégias, *(páginas 130-134), de José Antônio Giusti Tavares (1994). De acordo com esse autor, em vez do termo* cota eleitoral, *também se usa* quociente eleitoral.

o que resulta em 3.900. Considerando-se somente o número inteiro, o partido D conquistou três cadeiras. O mesmo procedimento foi aplicado para os demais partidos.

Nesse primeiro estágio, observe, na coluna "Cadeiras alocadas pela cota", que foram distribuídas oito cadeiras entre os partidos, logo, sobraram duas. Essas duas cadeiras serão alocadas pelo método de maiores sobras. A coluna "Sobras" indica a sobra de cada partido político. Os partidos B e D são os que têm as maiores sobras – respectivamente, 966 e 900. Então, cada um ganhou mais uma cadeira. Com isso, todas as cadeiras foram preenchidas.

Os métodos de divisores ou métodos de maiores médias são fundamentados na divisão sucessiva dos votos válidos dos partidos por uma série de números. Assim, as cadeiras são preenchidas pelos partidos com os maiores resultados na divisão (Tavares, 1994). As três fórmulas de divisores mais conhecidas são: D'Hondt, Sainte-Lagüe e Sainte-Lagüe modificado. Elas se diferenciam na série de divisores que cada uma utiliza, como consta na Tabela 2.5.

Tabela 2.5 – Série de divisores por fórmula

Fórmula	Série de divisores	Valor da razão entre os dois primeiros números da série
D'Hondt	1 – 2 – 3 – 4 – 5 – ...	0,5
Sainte-Lagüe	1 – 3 – 5 – 7 – ...	0,33
Sainte-Lagüe modificado	1,4 – 3 – 5 – 7 – ...	0,46

Fonte: Elaborado com base em Tavares, 1994, p. 169.

A **fórmula de D'Hondt**, proposta pelo matemático belga Victor D'Hondt, foi utilizada pela primeira vez na Bélgica, em 1899. Essa fórmula é a mais empregada nos países da Europa e da América Latina, como Argentina, Uruguai, Espanha e Portugal (Nicolau, 2012).

Fabrícia Almeida Vieira

Por meio dela, as cadeiras são distribuídas entre os partidos através da sucessiva divisão entre os votos dos partidos e a série contínua de divisores 1, 2, 3, 4, 5 etc. Os resultados dessa divisão são médias e precisam ser classificados em ordem decrescente até que se complete o número de cadeiras em disputa.

Na Tabela 2.6, é possível observar a distribuição das cadeiras por meio da fórmula de D'Hondt. No exemplo hipotético, há dez cadeiras em disputa e cinco partidos políticos. Depois de se dividir o voto válido de cada partido pelos números contínuos (1, 2, 3, 4 e 5), foi estabelecida a representação política a partir das maiores médias.

Tabela 2.6 – Distribuição das cadeiras pela fórmula de D'Hondt de maiores médias

Partido	Votos válidos	Votos/1	Votos/2	Votos/3	Votos/4	Votos/5	Total de cadeiras
A	35.000	35.000 (2º)	17.500 (6º)	11.666	8.750	7.000	2
B	29.500	29.500 (3º)	14.750 (8º)	9.833	7.375	5.900	2
C	16.000	16.000 (7º)	8.000	5.333	4.000	3.200	1
D	58.500	58.500 (1º)	29.250 (4º)	19.500 (5º)	14.625 (9º)	11.700 (10º)	5
E	11.000	11.000	5.500	3.666	2.750	2.200	0
Total	150.000	–	–	–	–	–	10

Observe que o partido D, que foi o mais votado, conquistou o maior número de cadeiras (cinco). Ao compararmos esses resultados com a cota de Hare, podemos perceber que a única diferença é que o partido D recebeu uma cadeira a mais, e o partido B, uma a menos.

Tavares (1994) assegura que a fórmula de D'Hondt produz resultados muito parecidos com os da cota de Hare, como é possível notar. No entanto, a fórmula de D'Hondt gera maior desproporcionalidade, tendendo a beneficiar os partidos mais votados em detrimento dos menos votados.

A **fórmula de Sainte-Lagüe** foi elaborada em 1910 e aplicada em 1952 e 1953 nas eleições de três países escandinavos: Suécia, Dinamarca e Noruega, como menciona Nicolau (2012). Ela funciona na mesma lógica da fórmula de D'Hondt, diferindo na série de divisores, de números ímpares e inteiros: 1, 3, 5, 7 etc. Vamos analisar como fica a distribuição das cadeiras utilizando a fórmula de Sainte-Lagüe, conforme exposto na Tabela 2.7.

Tabela 2.7 – Distribuição das cadeiras pela fórmula de Sainte-Lagüe de maiores médias

Partido	Votos válidos	Votos/1	Votos/3	Votos/5	Votos/7	Total de cadeiras
A	35.000	35.000 (2º)	11.666 (7º)	7.000	5.000	2
B	29.500	29.500 (3º)	9.833 (9º)	5.900	4.214	2
C	16.000	16.000 (5º)	5.333	3.200	2.286	1
D	58.500	58.500 (1º)	19.500 (4º)	11.700 (6º)	8.357 (10º)	4
E	11.000	11.000 (8º)	3.666	2.200	1.571	1
Total	150.000	–	–	–	–	10

Fabrícia Almeida Vieira

Novamente, o partido D ficou com o maior número de cadeiras. Contudo, observe que o partido E, o qual ficaria sem representação nas outras fórmulas, conquistou uma cadeira. Esse método de maiores médias facilita a representação de pequenos partidos e também dificulta a formação de uma maioria parlamentar vinculada a um único partido – justamente o que foi possível averiguar no nosso exemplo. Além disso, esse método também reduz os gastos eleitorais provenientes de coalizão, isso porque "dois partidos, cada um dos quais com votação um pouco superior àquela necessária para os primeiros assentos, perdem representantes, em vez de ganharem, se se fusionam" (Tavares, 1994, p. 175).

A **fórmula de Sainte-Lagüe modificada** substituiu, nos três países escandinavos citados, a fórmula anterior, já que a maior falha daquela era criar cisões partidárias. A fórmula modificada se distingue no primeiro divisor, que, em vez de ser 1, é 1,4. Vamos analisar como fica a representação política dos cinco partidos a partir do método de Sainte-Lagüe modificado, conforme apresentado na Tabela 2.8.

Tabela 2.8 – Distribuição das cadeiras pela fórmula de Sainte-Lagüe modificada de maiores médias

Partido	Votos válidos	Votos/1,4	Votos/3	Votos/5	Votos/7	Total de cadeiras
A	35.000	25.000 (2º)	11.666 (6º)	7.000	5.000	2
B	29.500	21.071 (3º)	9.833 (8º)	5.900	4.214	2
C	16.000	11.428 (7º)	5.333	3.200	2.286	1

(continua)

(Tabela 2.8 – conclusão)

Partido	Votos válidos	Votos/1,4	Votos/3	Votos/5	Votos/7	Total de cadeiras
D	58.500	41.785 (1º)	19.500 (4º)	11.700 (5º)	8.357 (9º)	4
E	11.000	7.857 (10º)	3.666	2.200	1.571	1
Total	150.000	–	–	–	–	10

O resultado final da distribuição das cadeiras foi o mesmo; o que mudou foi a ordem da alocação. Essa fórmula dificulta o acesso à primeira cadeira para pequenos partidos. O exemplo mostra que a primeira cadeira foi alocada para o partido mais votado (D) – maior partido –, e a última cadeira, para o menos votado (E) – menor partido. Esse método aumenta o custo em votos da primeira cadeira em disputa, deixando inalterado o custo das outras. Logo, ele diminui as chances de representação dos pequenos partidos, não incentiva as cisões partidárias e estimula a ascensão de novos partidos. Se considerado o quesito de favorecimento aos pequenos partidos, as fórmulas podem ser listadas na seguinte ordem: cota de Hare de maiores sobras, Sainte-Lagüe modificado, Sainte-Lagüe e D'Hondt (Tavares, 1994; Nicolau, 2012).

2.2.3 Cláusula de barreira

A cláusula de barreira também afeta a distribuição das cadeiras e consiste em um valor mínimo de votos que o partido precisa atingir para conquistar a representação no Legislativo. Nicolau (2012) ressalta que esse recurso é utilizado em 2/3 dos países com o sistema de representação proporcional. O valor mínimo para a cláusula de barreira é de 0,67, como empregado na Holanda, e o valor máximo

Fabrícia Almeida Vieira

é de 10%, como adotado pela Turquia. No entanto, o valor mais comum para a cláusula fica entre 3% e 5%. A cláusula mais conhecida é aplicada na Alemanha, em que os partidos, para conseguirem pelo menos uma cadeira, precisam ter um mínimo de 5% dos votos em âmbito nacional[8].

A cláusula de barreira pode ser utilizada tanto em âmbito regional como nacional. Em alguns países, como na Espanha, os partidos precisam alcançar (e/ou ultrapassar) o valor mínimo da cláusula de barreira no distrito eleitoral. Já em outras nações, como em Israel, o partido tem de atingir (e/ou ultrapassar) a cláusula de barreira no âmbito nacional para conquistar a representação política (Lijphart, 2003).

Como o próprio nome sugere, a cláusula de barreira tem por objetivo barrar a representação dos pequenos partidos na Câmara dos Deputados. O argumento a favor da adoção dessa cláusula consiste na governabilidade. Quando os pequenos partidos têm mais estímulos para obter representação no Legislativo, há um aumento na fragmentação partidária – quando há muitos partidos nesse poder –, causando grande dispersão partidária e dificuldade na formação de bases de apoio. A cláusula de barreira é a opção para evitar esses problemas.

---

8   *Para saber mais sobre o sistema eleitoral e o funcionamento da cláusula de barreira na Alemanha, leia o artigo "O sistema eleitoral alemão após a reforma de 2013 e a viabilidade de sua adoção no Brasil", de Roberto Carlos Martins Pontes e Leo Oliveira van Holthe (2015).*

SISTEMAS ELEITORAIS COMPARADOS

> No Brasil, a cláusula de barreira faz parte das discussões políticas desde aproximadamente 1950. As propostas de implementação desse mecanismo foram inspiradas no modelo alemão, com vistas a assegurar a representação aos partidos com no mínimo 5% dos votos no âmbito nacional. Porém, há uma enorme dificuldade em implementar esse mecanismo no Brasil. Como os interesses dos políticos são, em sua maioria, divergentes, o conteúdo do projeto sobre a cláusula de barreira sempre está sendo revisto e, consequentemente, com propostas de modificações. Abordaremos com mais detalhes esse assunto no Capítulo 5, que trata especificamente do sistema eleitoral brasileiro.

2.2.4 COLIGAÇÕES

A prática das coligações, também conhecida como *apparentment* (*mistura*, em francês), equivale à aliança de partidos nas eleições. Assim, os votos recebidos por uma aliança partidária são tratados como unidades no momento da alocação das cadeiras. As coligações são permitidas no Brasil, na Bélgica, na Holanda, na Suíça, na Finlândia e em Israel, entre outros (Nicolau, 2012). O funcionamento das coligações é equivalente, tendo em vista que cada partido que participa do pleito eleitoral em coligação apresenta uma lista de candidatos. Os votos dos partidos são somados, sendo considerados como se fossem um partido único. Com isso, as coligações aumentam as chances de representação dos pequenos partidos, isso porque um partido pequeno dificilmente atinge o quociente eleitoral sozinho, mas, ao se unir, tem mais chances de conquistar uma cadeira, como explicam Souza e Cavalcante (2012).

E como é realizada a distribuição das cadeiras nessa situação? De acordo com Nicolau (2012), há duas maneiras de alocar as cadeiras entre os partidos de uma coligação. Na primeira delas, emprega-se uma fórmula segundo a qual cada partido recebe a quantidade de cadeiras proporcional aos votos que obteve dentro da coligação.

Fabrícia Almeida Vieira

A segunda maneira é utilizada no Brasil e na Finlândia, e a distribuição é simples: os nomes mais votados da coligação, independentemente do partido, ganham representação. Por conta dessa regra, os partidos precisam garantir que seus candidatos fiquem entre os mais votados. Como consequência, as campanhas, geralmente, investem recursos no candidato com mais chances de sucesso eleitoral. Esse método, conforme apontam Dalmoro e Fleischer (2005), gera desproporcionalidade na distribuição das cadeiras.

2.2.5 Tipos de lista

Os tópicos anteriores mostraram como os partidos conquistam cadeiras no Legislativo. É preciso considerar também o tipo de lista que igualmente influencia no modo como ocorre a representação política no sistema proporcional, determinando quais nomes ocuparão as cadeiras após o processo de alocação por partido (etapa posterior ao procedimento do cálculo da distribuição de cadeiras, seja por maiores sobras, seja por maiores médias, respeitando-se as regras adotadas pelo país). Há três tipos de listas: fechadas, abertas e flexíveis. A diferença básica entre elas é o nível de interferência dos partidos políticos no contexto eleitoral. Apresentaremos nos próximos tópicos a característica de cada uma.

Lista fechada

Na lista fechada, os partidos políticos têm total controle do perfil dos representantes que serão eleitos, uma vez que, antes das eleições, são os partidos que decidem a ordem dos candidatos na lista (Carey; Shugart, 1995). Nesse caso, o eleitor não atribui o voto a um nome, mas a um partido. A representação política a que cada partido terá direito será obtida pelos primeiros nomes da lista. Por exemplo, o partido D conquistou cinco cadeiras (de acordo com o exemplo apresentado na Tabela 2.6), então, a partir do sistema de representação proporcional de lista fechada, serão eleitos os cinco primeiros nomes da lista. Nicolau (2012) informa que esse tipo de lista é empregado na Argentina, na Colômbia, na Espanha e no Uruguai, entre outros.

Essa lista faz com que os partidos políticos sejam os atores principais no processo eleitoral, tendo em vista que seus candidatos e representantes ficam completamente conectados a eles (Vieira, 2017). Aqui, há mais incentivos para que os políticos se dediquem ao trabalho partidário, pois isso pode ser o parâmetro utilizado pelos líderes partidários para a escolha da ordem dos nomes da lista. Conforme Carey e Shugart (1995), esse sistema tende a produzir uma representação institucionalizada, via partidos políticos, e consequentemente há um distanciamento entre os representantes, os eleitores e as políticas personalistas.

Para que a representação não fique concentrada em determinadas pessoas, alguns países estão buscando garantir a representação de grupos minoritários – como grupos feministas e religiosos –, fazendo uma alternância em nomes de candidatos que representam essas e outras questões. A legislação de nações como Argentina e Costa Rica, por exemplo, "exige que haja uma alternância de gênero na lista, na proporção de 2 para 1; ou seja, dois homens devem ser seguidos por uma mulher (ou vice-versa). Esse mecanismo garante que pelo menos 33% da Câmara dos Deputados sejam mulheres" (Nicolau, 2012, p. 81).

Lista aberta

No sistema de lista aberta, os partidos não têm tanta influência no processo eleitoral. É de responsabilidade dos eleitores a seleção dos candidatos que preencherão as cadeiras conquistadas pelos partidos políticos ou pelas coligações (Vieira, 2017). Esse sistema consiste na apresentação de uma lista partidária não ordenada de candidatos e os eleitores podem votar em um dos nomes da lista. A distribuição das cadeiras por partido é feita mediante a soma dos votos dos candidatos da mesma lista. As cadeiras conquistadas pelos partidos são destinadas aos nomes dos candidatos mais votados. Esse tipo de lista, segundo dados de Nicolau (2012), é empregado, entre outros países, no Brasil, na Finlândia, na Polônia e no Peru.

A representação proporcional de lista aberta estimula a personalização, na medida em que os partidos têm fortes incentivos para atrair políticos com alta popularidade, como elucida Vieira (2017). Por *personalização política*, segundo Balmas e Sheafer (2016), podemos entender o processo em que os políticos se tornam atores centrais da representação política. Como consequência, a lista aberta tende a gerar maior competição intrapartidária e campanhas centralizadas nos candidatos – de forma individualizada e não partidarizada.

A aplicabilidade do sistema de lista aberta muda de um país para outro. A diferença básica consiste no nível de escolhas a que os eleitores têm direito. De acordo com Nicolau (2012), em algumas nações os eleitores podem votar na quantidade de nomes equivalente ao número de cadeiras disponíveis. Em outros locais, os eleitores podem votar duas vezes no mesmo candidato (voto cumulativo) e, até mesmo, atribuir o voto a candidatos de distintos partidos (*panachage*). Há também países em que os eleitores têm a opção de votar no nome do candidato ou em um partido (voto de legenda), como acontece no Brasil.

Lista flexível

O terceiro tipo de lista do sistema proporcional é o flexível. Nela, os partidos políticos, antes do período eleitoral, ordenam os nomes dos candidatos na lista partidária. Contudo, como o próprio nome sugere, o sistema é mais flexível, isto é, os eleitores têm mais chances de intervir nesse processo. Como? Se eles concordarem com a disposição apresentada dos candidatos, poderão votar no partido ao qual estes estão vinculados (assim como ocorre na lista fechada). Entretanto, se discordarem da estrutura da lista, não precisarão votar no partido, mas em nomes da lista (do mesmo modo que ocorre na lista aberta). Entre os países que adotam esse tipo de lista, citamos Suécia, Noruega, Bélgica e Áustria.

O funcionamento da lista flexível apresenta peculiaridades em cada país. De modo geral, podemos afirmar que o candidato necessita conquistar mais votos individuais do que o valor da cota, que é anteriormente estabelecido (Nicolau, 2012). Na Noruega e na Suécia, por exemplo, calcula-se a cota para cada um dos partidos, e o candidato que ultrapassá-la, independentemente da ordem dos nomes na lista, terá preferência perante os demais candidatos.

Apesar de tal sistema permitir ao eleitor escolher os candidatos, essa possibilidade é pouco utilizada. Em sua maioria, os eleitores dos países que adotam esse tipo de lista aderem à lista composta pelos partidos e votam nas legendas partidárias. Dificilmente os candidatos com nomes localizados na parte inferior da lista são eleitos. Nicolau (2012, p. 88) assegura que "na Noruega, nunca um candidato se elegeu com o voto preferencial. Na Holanda, em 14 eleições realizadas entre 1948 e 1994 apenas três candidatos foram eleitos com votos nominais".

Fabrícia Almeida Vieira

2.2.6 Voto único transferível (STV)

O sistema de voto único transferível (do inglês *single transferable vote – STV*) foi elaborado pelos matemáticos Thomas Hare e Carl Andrae na década de 1850, mas foi empregado pela primeira vez em âmbito nacional somente em 1921, na Irlanda, que continua utilizando esse sistema até os dias atuais. O STV também é usado nas eleições para a Câmara dos Deputados de Malta.

O funcionamento do STV é parecido com o do sistema de lista. Ele é empregado em distritos plurinominais e exige o cálculo de uma cota para a alocação das cadeiras. Os partidos apresentam o número de candidatos equivalente ao número de cadeiras a serem preenchidas no distrito. Os eleitores votam ordenando sua preferência de candidatos (assim como ocorre com o voto alternativo, na Austrália), marcando (1) para o candidato de primeira preferência, (2) para o de segunda preferência, e assim por diante. A diferença maior entre o sistema de voto único transferível e o sistema de lista é que no STV os votos dos candidatos de uma mesma lista não são somados e contabilizados juntos.

O complexo processo de apuração dos votos é realizado em três etapas: cálculo da cota eleitoral; transferência para outros candidatos dos votos dos que receberam um número maior da cota; transferência dos votos dos candidatos menos votados (Nicolau, 2012). Note que esse sistema mistura características de alguns dos métodos que examinamos anteriormente.

Para esclarecermos melhor o funcionamento do sistema de voto único transferível, utilizaremos o exemplo do distrito de Cork North-West, na Irlanda, quando das eleições para o cargo de deputado federal, em 1987. Esse distrito estava com três cadeiras em disputa e cinco concorrentes, como consta na Tabela 2.9.

Tabela 2.9 – Resultado eleitoral no distrito de Cork North-West (1987)

Candidato (Partido)	Votos (primeiras preferências)	Transf. 1 – Candidato O'Riordan	Resultado após a transf. 1	Tranf. 2 – Candidato Crowley	Resultado após a transf. 2
Creed	7.057	+1.292	8.349	+130	8.479 (eleito)
Crowley	7.431	+1.087	8.518 (eleito)	–166 (sobras)	8.352
Moynihan	7.777	+566	8.343	+12	8.355 (eleito)
O'Riordan	3.796	Eliminado			
Roche	7.343	+564	7.907	+24	7,931
Votos não transferíveis		+287			

Fonte: Adaptado de Gallagher; Mitchell, citados por Nicolau, 2012, p. 96-97.

Vamos analisar o desenvolvimento da primeira etapa, que consiste em definir a cota por meio da fórmula de Droop, dividindo o total de votos (33.404) pelo número de cadeiras mais um (3 + 1). O resultado dessa divisão também deve ser acrescido do número 1 (8351 + 1). Os candidatos que ultrapassarem a cota com os votos de primeira preferência serão eleitos. Observe, na coluna "Votos (primeiras preferências)", que nenhum candidato alcançou a cota de 8.352 votos.

Com isso, parte-se para a segunda etapa, em que são transferidos os votos do candidato menos votado – no caso, O'Riordan, com 3.796 votos. Essa transferência segue a mesma lógica do voto alternativo: o candidato é excluído, e seus votos são distribuídos de acordo com a segunda preferência dos eleitores. Os 287 votos não transferíveis referem-se aos votos dos eleitores que não marcaram nenhum candidato, por isso não podem ser distribuídos.

Fabrícia Almeida Vieira

Após a primeira rodada de transferência, o candidato Crowley ultrapassou 166 votos da cota e foi eleito. Com o valor da sobra, deve ocorrer outra transferência. Mas como fazê-la? Na Irlanda, os apuradores excluem as cédulas em que os eleitores não marcaram a terceira preferência e contabilizam as demais. Assim, observe, na coluna "Transf. 2 – Candidato Crowley", que Creed recebeu 130 votos e ultrapassou a cota, ficando com 8.479 votos e, com efeito, conquistando uma cadeira. Moynihan também conseguiu ser eleito com essa última transferência, ficando com três votos a mais que a cota estabelecida.

Uma das vantagens desse sistema, conforme enfatiza Nicolau (2012), é que o eleitor tem maior liberdade na votação, pois pode votar em candidatos de partidos distintos e manifestar a ordem de preferência. Dessa maneira, ele tem maior controle com relação à transferência do voto, já que esse fato respeita a predileção dos eleitores. O objetivo maior desse método é garantir que o Legislativo seja reflexo da opinião dos eleitores. No entanto, ele não visa assegurar uma proporcionalidade entre os votos obtidos e a distribuição das cadeiras.

(2.3)

SISTEMAS MISTOS

O sistema eleitoral misto combina duas fórmulas diferentes para eleger representantes para um mesmo cargo. Uma das fórmulas é a **majoritária**, em que o eleitor vota em candidatos específicos; a outra é a **proporcional**, cujo voto é direcionado a uma lista de candidatos. Em outros tempos, pesquisadores tinham dificuldade para classificar esse sistema eleitoral. Eles questionavam se o sistema misto seria uma variante do método majoritário ou, então, uma variante do método proporcional. Na década de 1990, o sistema misto passou a ser atraente para os países que estavam discutindo a reforma política. De acordo com Nicolau (2012), esse sistema é utilizado na Alemanha, na Itália e na Nova Zelândia, entre outros países.

A Alemanha foi o primeiro país que teve experiências com o sistema misto. Após a Segunda Guerra Mundial, os alemães reorganizaram seu sistema eleitoral, adotando duas formas de eleger seus representantes: o sistema majoritário de dois turnos (entre 1871 e 1914) e o sistema proporcional (entre 1919 e 1933). Já em 1948, houve um intenso debate acerca das regras eleitorais que a Alemanha deveria adotar em sua nova Constituição. Um dos dois principais partidos argumentava a favor da adoção do sistema majoritário para distritos uninominais, e o outro, para a aderência ao sistema de representação proporcional. Esse debate resultou na elaboração de um sistema que combinasse características de ambos (Nicolau, 2012).

Uma das vantagens do sistema misto é que ele pode agregar o que há de melhor naqueles dois sistemas. Por um lado, ele garante certa proporcionalidade entre os votos recebidos e a representação; por outro, assegura que cada região do país tenha um representante na Câmara dos Deputados. No entanto, cada combinação do sistema misto resulta em situações diferenciadas – a depender dos resultados, o país pode se aproximar ou se distanciar dessas vantagens.

Existem algumas maneiras de combinar as duas fórmulas no sistema misto. A característica mais relevante dessa junção refere-se ao grau de associação entre as fórmulas majoritária e proporcional. Há duas variantes do sistema misto: o paralelo e o de correção. A maior diferença entre ambos é que um deles trata as duas fórmulas eleitorais de modo independente, ao passo que o outro faz conexão entre elas. Nos próximos tópicos, descreveremos melhor como essas variantes funcionam.

Fabrícia Almeida Vieira

2.3.1 Sistema misto paralelo

No sistema misto paralelo, uma parte dos representantes é eleita via fórmula majoritária e outra, via fórmula proporcional, mas uma é aplicada independentemente da outra. Conforme dados atualizados extraídos de Nicolau (2012), esse sistema é adotado em seis democracias contemporâneas para as eleições do Legislativo: Japão, Coreia do Sul, Filipinas, Taiwan, Senegal e Lituânia.

Vamos utilizar o Japão como exemplo, a fim de esclarecer melhor como ocorre o processo eleitoral segundo a lógica do sistema misto paralelo. Atualmente, a Câmara dos Deputados desse país conta com um total de 480 representantes. Desse total, 300 (82%) são eleitos por maioria simples em distritos uninominais, e 180 (18%) pela representação proporcional de lista fechada. Os partidos apresentam um nome em cada distrito eleitoral e ainda uma lista de candidatos.

O eleitor vota duas vezes: um dos votos vai para um partido – via método proporcional de lista fechada – e outro para o nome de um candidato do distrito – por meio da fórmula majoritária de maioria simples. Desse modo, metade das cadeiras é preenchida proporcionalmente de acordo com o número de votos, e outra metade, pelo candidato mais votado em cada distrito eleitoral.

Nicolau (2012) frisa que, na maioria dos países que adotam o sistema misto paralelo, há uma tendência de o método majoritário predominar. De acordo com o autor, duas questões colaboram para isso. A primeira refere-se ao fato de que o percentual de cadeiras preenchidas pela fórmula proporcional é bastante inferior ao do método majoritário. Quanto maior for o percentual de cadeiras ocupadas pela parte de maioria simples, maior será a dificuldade de um pequeno partido conquistar uma cadeira e, consequentemente, menos proporcional será o resultado eleitoral. Na Tabela 2.10, observe que a Coreia do Sul é o país em que os percentuais estão mais distantes – cerca de 82% das cadeiras são preenchidas por essa fórmula, e somente 18% via método proporcional. Por essa razão, esse sistema pode ser denominado *sistema misto majoritário* (do inglês, *mixed-member majority – MMM*).

A segunda questão que colabora para o predomínio da parte majoritária está relacionada com as possibilidades de voto que o eleitor tem. No Japão, na Lituânia, em Taiwan e nas Filipinas, o eleitor tem dois votos: um na lista partidária e outro em um concorrente no distrito. Nicolau (2012) explica que a tendência, nesse caso, é que o eleitor vote no candidato mais competitivo no distrito uninominal e em um partido pequeno na lista. Já no Senegal e na Coreia do Sul, o eleitor vota apenas uma vez, e esse voto é atribuído ao candidato do distrito e, ao mesmo tempo, à lista. O eleitor tende a utilizar o voto útil como estratégia.

Outra particularidade desse sistema é que, no Japão, na Lituânia e em Taiwan, os candidatos concorrem simultaneamente nas duas fórmulas. O resultado dessa possibilidade é que um candidato, mesmo derrotado em um distrito, pode ser eleito em uma lista partidária, caso tenha sido bem votado.

Para compreender as principais características do sistema misto paralelo nas seis democracias citadas neste tópico, observe a Tabela 2.10.

Fabrícia Almeida Vieira

Tabela 2.10 – Características dos países com sistema misto paralelo

País	Cadeiras pela fórmula majoritária	Cadeiras pela fórmula proporcional	Unidade de cálculo da parte proporcional	Tipo de sistema majoritário	Dois votos?	Candidatura dupla?
Coreia do Sul	246 (82%)	54 (18%)	Distrito único nacional	Maioria simples	Não	Não
Filipinas	238 (80%)	59 (20%)	234 distritos	Maioria simples	Sim	Não
Japão	300 (63%)	180 (38%)	11 distritos	Maioria simples	Sim	Sim
Lituânia	71 (50,4%)	70 (49,6%)	Distrito único nacional	Dois turnos	Sim	Sim
Senegal	81 (54%)	69 (46%)	Distrito único nacional	Maioria simples	Não	Não
Taiwan	79 (70%)	34 (30%)	2 distritos	Voto único não transferível (SNTV)	Sim	Sim

Fonte: Elaborado com base em IPU, 2018b.

2.3.2 Sistema misto de correção

No sistema misto de correção, também se empregam duas fórmulas eleitorais. A diferença é que nele as fórmulas são dependentes, isto é, existe uma conexão entre os métodos majoritário e proporcional. Aqui, todas as cadeiras são distribuídas de acordo com o método proporcional. Assim, esse sistema recebe a designação de *sistema misto proporcional* (do inglês *mixed-member proportional* – MMP).

Sete democracias contemporâneas utilizam o sistema misto de correção, conforme Nicolau (2012): Albânia, Alemanha, Bolívia, Hungria, Lesoto, Nova Zelândia e México. Esses países usam o sistema proporcional de lista fechada e o sistema de maioria simples em distritos uninominais. Em todos eles, os eleitores têm dois votos: um se destina à lista partidária, e outro a um candidato concorrente no distrito. Além disso, em todos eles existe a possibilidade de candidatura dupla, isto é, o candidato pode concorrer na lista e no distrito ao mesmo tempo.

Esse sistema é executado em duas etapas. Em um primeiro momento, realiza-se a distribuição das cadeiras com base na fórmula proporcional. Em um segundo momento, deve-se fazer a subtração do total de cadeiras conquistadas pelo método proporcional pelas cadeiras obtidas pela fórmula majoritária. O resultado refere-se à quantidade de lugares que serão ocupados pelos primeiros nomes da lista partidária.

Como exemplo, vamos considerar que determinado partido conquistou um total de sete cadeiras, ganhando em quatro distritos na dimensão majoritária. A segunda etapa exige que seja realizada a subtração do total de cadeiras e do total de cadeiras conquistadas no método majoritário (7 – 4 = 3). Desse modo, serão eleitos os três primeiros nomes da lista partidária. Além disso, esse partido terá mais quatro deputados eleitos pelos distritos. Outra situação que pode acontecer é o número do total de cadeiras corresponder à quantidade de cadeiras conquistadas no distrito. Nesse caso, a bancada do partido

Fabrícia Almeida Vieira

será composta apenas pelos representantes eleitos nos distritos, já que o resultado da subtração será igual a zero. Existe também a possibilidade de um partido eleger deputados pelo método proporcional e não ter vencedores em nenhum distrito.

Todos os países que empregam o sistema misto de correção precisam ter alternativas para os casos em que um partido obtém mais cadeiras nos distritos do que pelo método proporcional. Ou seja, eles precisam criar um sistema de correção a fim de superar esse problema decorrente da estratégia utilizada pela maioria dos eleitores, os quais tendem a votar em grandes partidos em seus distritos e em partidos menores na lista partidária, gerando uma discrepância entre votos recebidos pelos partidos nesses dois níveis. A alternativa encontrada na Alemanha, por exemplo, foi aumentar o tamanho da Câmara dos Deputados.

> *Caso em um estado (Länder) um partido obtenha mais cadeiras no distrito uninominal do que na parte proporcional, ele fica com essas cadeiras adicionais, o que aumenta temporariamente, até as eleições seguintes, o tamanho da Câmara dos Deputados. A provisão de cadeiras extras (Überhangmandate) tem crescido nas últimas eleições alemãs. Nas eleições de 2009, por exemplo, foram 24 cadeiras adicionais (21 para a CDU e três para a CSU). A Câmara dos Deputados (Bundestag) passou das originais 598 cadeiras para 622. (Nicolau, 2012, p. 114-115)*

Uma das vantagens desse sistema é que ele assegura a proporcionalidade na representação, de modo que cada região do país terá um representante na Câmara dos Deputados. A principal crítica que o sistema misto de correção recebe é quanto a sua complexidade, pois é de difícil compreensão.

As principais características do sistema misto de correção estão resumidas na Tabela 2.11.

Tabela 2.11 – Características dos países com sistema misto de correção

País	Cadeiras pela fórmula majoritária	Cadeiras pela fórmula proporcional	Unidade de cálculo da parte proporcional	Tipo de sistema majoritário	Dois votos?	Candidatura dupla?
Albânia	100 (71%)	40 (29%)	12 distritos	Maioria simples	Sim	Sim
Alemanha	328 (50%)	328 (50%)	Distrito único nacional	Maioria simples	Sim	Sim
Bolívia	68 (52%)	62 (48%)	9 distritos	Maioria simples	Sim	Sim
Hungria	176 (46%)	152 (39%) 58 (15%)	20 distritos locais e Distrito único nacional	Maioria simples	Sim	Sim
Lesoto	80 (67%)	40 (33%)	Distrito único nacional	Maioria simples	Sim	Sim
México	300 (60%)	200 (40%)	Distrito único nacional	Maioria simples	Sim	Sim
Nova Zelândia	60 (50%)	60 (50%)	Distrito único nacional	Maioria simples	Sim	Sim

Fonte: Elaborado com base em IPU, 2018b.

Síntese

Neste capítulo, analisamos o funcionamento dos três grandes grupos de sistemas eleitorais: majoritário, proporcional e misto. Cada sistema eleitoral tem objetivos, vantagens e desvantagens bem distintos. No sistema majoritário, o objetivo é eleger o candidato mais votado. Já o sistema proporcional visa assegurar a proporcionalidade entre os votos recebidos e a representação. Por sua vez, o sistema misto busca garantir que cada região do país tenha um representante no Legislativo, assim como certificar certa proporcionalidade entre os votos e a distribuição das cadeiras.

O sistema majoritário apresenta as seguintes variantes: maioria simples, dois turnos e voto alternativo, para distritos uninominais; e voto único não transferível (SNTV) e voto em bloco, para distritos plurinominais. A principal vantagem desse método consiste em fornecer ao eleitor maior controle sobre as ações dos representantes, propiciando uma relação mais próxima entre eleitores e parlamentares. Outro benefício de governos unipartidários é o aumento da governabilidade, gerando um parlamento mais sólido e estável. Uma das principais críticas a esse sistema é que ele gera resultados desproporcionais, com discrepâncias entre a realidade social e a concretização da representação. Nesse sentido, os partidos pequenos são sub-representados, e os grandes partidos obtêm sobrerrepresentação.

Com relação ao sistema proporcional, ele pode ser subdividido em duas variantes: o voto único transferível (STV) e o sistema de lista. O sistema de representação proporcional garante maior proporcionalidade entre os votos recebidos e a representação política, além de produzir a formação do Legislativo com membros que refletem a diversidade social. Trata-se de um sistema mais complexo, que envolve cálculos matemáticos para a distribuição das cadeiras.

A complexidade desse sistema é também uma das principais críticas que lhe são feitas.

Já o sistema misto combina as fórmulas proporcional e majoritária. Esse tipo de sistema também pode ser subdividido em duas variantes: paralelo e de correção. A maior diferença entre ambas é que a primeira trata as duas fórmulas eleitorais de modo independente, ao passo que a segunda faz conexão entre as duas fórmulas. Uma das vantagens do sistema misto é que ele pode agregar o que há de melhor nas duas fórmulas, uma vez que pode garantir alguma proporcionalidade entre os votos recebidos e a representação, assim como assegura que cada região do país tenha um representante no Legislativo.

Exercício resolvido

Quais são as principais disparidades e similitudes entre os sistemas majoritários de maioria simples e de maioria absoluta?

A distinção entre esses dois sistemas é que, no de maioria simples, o candidato/partido mais votado, mesmo que não conquiste mais da metade dos votos válidos, é eleito. Já no sistema de maioria absoluta, o candidato/partido, para ser eleito no primeiro turno, precisa alcançar a maioria absoluta dos votos, ou seja, mais de 50% dos votos válidos. Caso nenhum dos candidatos atinja essa porcentagem, os candidatos mais votados devem concorrer em uma nova eleição (segundo turno). Esses sistemas também apresentam similitudes. O país é dividido em distritos eleitorais uninominais, cada partido apresenta um candidato por distrito, e os eleitores podem votar em um único candidato.

Fabrícia Almeida Vieira

Questões para revisão

1. Com base no que foi discutido neste capítulo, assinale a alternativa **incorreta**:

   a) Todos os sistemas eleitorais apresentam vantagens e desvantagens, por isso a escolha de um sistema eleitoral deve respeitar as peculiaridades de cada país, a fim de que funcione da melhor maneira possível.

   b) Geralmente, os argumentos para a reforma política em um país são fundamentados nas principais desvantagens do sistema eleitoral.

   c) O sistema misto une características dos métodos majoritário e proporcional. Mesmo assim, ele apresenta desvantagens, tendo em vista que nenhum sistema eleitoral é perfeito.

   d) Coligações e cláusulas de barreiras são mecanismos do sistema proporcional que podem ser empregados no sistema misto.

2. Sobre a cláusula de barreira, assinale a afirmativa correta:

   a) Tem por objetivo barrar o acesso dos grandes partidos ao Poder Legislativo, para reduzir a fragmentação parlamentar.

   b) Também conhecida como *cláusula de exclusão*, é uma opção para aumentar as chances eleitorais de pequenos partidos.

   c) Consiste em um valor mínimo de votos que o partido precisa atingir para conquistar uma cadeira no Legislativo. Tem o objetivo de barrar o acesso dos pequenos partidos a esse poder.

   d) Essa prática, também conhecida como *apparentment*, consiste na aliança de partidos nas eleições; assim, os votos recebidos por uma aliança partidária são tratados como unidades no momento da alocação das cadeiras.

3. Explique qual é a importância das fórmulas eleitorais no sistema de representação proporcional e comente, de maneira resumida, quais são elas e como funcionam.

4. Marque V para as afirmações verdadeiras e F para as falsas e, na sequência, indique a alternativa que apresenta a sequência correta:

( ) A magnitude de um distrito eleitoral tem associação positiva com a distribuição proporcional das cadeiras. Quanto maior for o distrito, maior será a tendência de resultados mais proporcionais com relação à distribuição das cadeiras.

( ) A magnitude de um distrito eleitoral determina o número de concorrentes que podem nele ser eleitos. É entendida como sinônimo de *dimensão geográfica*.

( ) Quanto menor for o número de cadeiras em disputa, menores serão as chances de pequenos partidos conquistarem representação, o que gera menor fragmentação parlamentar.

( ) O sistema majoritário de dois turnos favorece mais os partidos pequenos, quando comparado ao sistema de maioria simples. Isso porque, no primeiro turno, o eleitor tende a votar com mais sinceridade e, no segundo turno, recorre mais ao voto útil.

a) V, F, V, F.
b) F, V, V, V.
c) V, V, V, F.
d) V, F, V, V.

Fabrícia Almeida Vieira

5. Explique quais são as principais diferenças entre os sistemas majoritário, proporcional e misto.

Questões para reflexão

Leia um trecho da matéria "Eleições nos EUA: exemplo para quem?", escrita por Roberto Amaral e publicada na página do periódico *Carta Capital*, em 27 de novembro de 2012.

> Ainda quando os EUA consagravam o apartheid, quando os negros não podiam dividir com os brancos o mesmo banco de ônibus, o mesmo banheiro público ou a mesma calçada, coisa de pouco mais de 40 anos passados, dizia-se, aqui e em todo o mundo, que a norte-americana era "a maior democracia do Ocidente". Essa democracia deixou de consagrar o racismo, é verdade, mas se curva tanto à ausência de povo quanto à predominância do poder econômico.
> [...]
> Salve o nosso criticado "presidencialismo de coalizão" que, democrático, consagra o entendimento político; salve nosso pluralismo partidário, que enseja a sobrevivência das minorias e a expressão do mais vasto mosaico ideológico e, sempre, a alternativa do entendimento político; salve nosso sistema proporcional que impede a ditadura das maiorias ocasionais, fruto do voto distrital, pelo qual tanto anseiam, entre nós, a direita consequente e os liberais alienados.

Fonte: Amaral, 2012.

Com base na leitura desse trecho, responda às seguintes questões:

1. As eleições presidenciais dos Estados Unidos podem ser consideradas democráticas? Justifique sua resposta.

2. Estabeleça as principais diferenças entre as eleições presidenciais nos Estados Unidos e no Brasil, com relação ao sistema eleitoral empregado em ambos os países.

Para saber mais

LLANOS, M.; LÓPEZ, F. S. **Councils of Elders?** The Senates and its Members in the Southern Cone. Hamburg: Institut für Iberoamerika-Kunde, 2004. Disponível em: <https://www.files.ethz.ch/isn/46969/arbeitspapiere17e.pdf>. Acesso em: 2 mar. 2018.

Mariana Llanos e Francisco Sánchez López apresentam um trabalho bem interessante a respeito das características (perfil sociopolítico) dos membros do Senado da Argentina, do Brasil, do Chile e do Uruguai. Trata-se de um estudo comparativo sobre carreiras políticas, e sua leitura é válida para que você possa se aprofundar mais nessa questão.

MIGUEL, L. F.; ASSIS, P. P. F. B. de. Coligações eleitorais e fragmentação das bancadas parlamentares no Brasil: simulações a partir das eleições de 2014. **Revista de Sociologia e Política**, Curitiba, v. 24, n. 60, p. 29-46, dez. 2016. Disponível em: <http://www.scielo.br/pdf/rsocp/v24n60/0104-4478-rsocp-24-60-0029.pdf>. Acesso em: 2 mar. 2018.

Para se aprofundar no estudo sobre coligações eleitorais e fragmentação no Brasil, vale a pena fazer a leitura do artigo de Luis Felipe Miguel e Pedro Paulo Ferreira Bispo de Assis.

RENNÓ, L. R.; HOEPERS, B. Voto estratégico punitivo: transferência de votos nas eleições presidenciais de 2006. **Novos Estudos – Cebrap**, São Paulo, n. 86, mar. 2010. Disponível em: <http://www.scielo.br/pdf/nec/n86/n86a08.pdf>. Acesso em: 2 mar. 2018.

A leitura desse artigo pode ser proveitosa para que você aprimore seus conhecimentos sobre voto útil ou estratégico.

Fabrícia Almeida Vieira

Capítulo 3
Sistema eleitoral
e sistema partidário

Conteúdos do capítulo:

- Partidos de quadros e partidos de massa.
- Relação entre sistema eleitoral e sistema partidário.
- Leis de Duverger.

Após o estudo deste capítulo, você será capaz de:

1. compreender a genealogia dos partidos políticos com base nas concepções de Maurice Duverger;
2. analisar como o sistema eleitoral influencia no sistema partidário e, principalmente, no número de partidos;
3. aplicar/testar as Leis de Duverger nas democracias contemporâneas.

O sistema partidário é fortemente influenciado pelo sistema eleitoral vigente no país. Antes de examinarmos melhor essa relação, vamos sanar a seguinte dúvida: O que são partidos políticos? Na concepção de Max Weber (2009), são organizações criadas voluntariamente – ou seja, a existência de partidos políticos não está prevista na Constituição –, por pessoas com objetivos e convicções em comum e que buscam conquistar cargos políticos a fim de implementar as reivindicações da base partidária.

É possível que você tenha também dúvidas sobre como os partidos políticos surgiram, quais são os tipos de partidos políticos e as principais características estruturais dessas organizações, qual é a importância dos partidos e, até mesmo, como o sistema eleitoral influência o sistema partidário. Neste capítulo, responderemos a algumas dessas questões, com base, principalmente, nos argumentos de Maurice Duverger.

(3.1)
AS LEIS DE DUVERGER

Na ciência política não há muitas leis gerais que conseguem explicar os complexos fenômenos políticos. Uma das poucas leis estabelecidas nessa área de conhecimento diz respeito às proposições de Maurice Duverger. Seu livro *Os partidos políticos*, cuja primeira publicação data de 1951, é visto como uma das mais importantes obras que tratam dessa temática, fundamentando os estudos da ciência política e da sociologia política contemporânea. Essa publicação se tornou leitura obrigatória nas disciplinas de graduação e até mesmo de pós-graduação, em razão da importância do tema e do modelo analítico proposto pelo cientista político (Peres, 2009).

Fabrícia Almeida Vieira

Apesar de antigas, as Leis de Duverger[1] ocupam centralidade nos estudos sobre sistemas eleitorais e sistemas partidários, os quais, para o cientista, estão completamente ligados, sendo fácil entender o sistema partidário a partir do entendimento do sistema eleitoral. Isso porque os partidos políticos surgiram e se desenvolveram juntamente com os processos eleitorais e parlamentares (Duverger, 1968). E qual foi a origem dessas instituições políticas? É disso que trataremos no tópico seguinte.

3.1.1 A ORIGEM DAS ORGANIZAÇÕES PARTIDÁRIAS

Duverger (1968) entende que o contexto histórico explica o surgimento das organizações partidárias e que as distinções entre elas são delimitadas por características internas. Desse modo, é interessante compreender a origem dos partidos políticos, já que ela condiciona a estrutura organizacional e as dinâmicas dos partidos. O autor faz a análise dos partidos políticos com base na genealogia, na morfologia e na fisiologia.

Na primeira metade do século XIX, o significado de *partido político* estava relacionado aos termos *organização, aparelho* e *máquina*. De modo geral, podemos afirmar que eles surgiram com a ascensão das democracias representativas. Nasceram como pequenos grupos, "inicialmente associações ocasionais, ou, no máximo, clubes políticos" (Weber, 2009, p. 549), comitês eleitorais que se reuniam apenas durante períodos de eleições. Para Duverger (1968), é necessário realizar uma distinção entre as organizações interna e externa dos

---

1 *Dificilmente são identificadas leis ou regras gerais na ciência política. As Leis de Duverger e a Lei de Ferro das Oligarquias de Robert Michels são as exceções. As proposições de Duverger serão detalhadas no presente capítulo. Para saber mais sobre a segunda lei, leia a obra* Sociologia dos partidos políticos, *de Robert Michels (1982).*

partidos, a qual deve girar em torno de dois tipos de organizações partidárias: **partidos de quadros** e **partidos de massa**.

Os partidos de quadros tiveram origem no Parlamento e eram compostos pela aristocracia que já fazia parte do Legislativo. Esse tipo de partido tinha uma organização interna bem fraca, com poucos membros, sem uma organização permanente (somente em período eleitoral) e, consequentemente, com uma estrutura muito frágil. Tais organizações dispunham de ampla autonomia, tendo em vista que as organizações centrais dos partidos não tinham autoridade sobre elas. Os partidos de quadros buscavam reunir membros notáveis, que eram pessoas com muito prestígio social e ampla habilidade técnica para preparar e conduzir as eleições. Eram procuradas "por causa de seu prestígio, que lhes confere uma influência moral, ou por causa de sua fortuna, que lhes permite ajudar a cobrir as despesas das campanhas eleitorais" (Duverger, 1968, p. 359).

A estrutura desses partidos estava relacionada a um contexto de sufrágio limitado, em que o voto era restrito a determinados perfis de eleitores, ou então ao período inicial do sufrágio universal, em que parte do eleitorado mantinha sua confiança nas elites sociais tradicionais (Duverger, 1968).

Vamos tomar o Brasil como exemplo para explicar esse processo. Na segunda metade do século XIX, o voto era restrito a uma parcela da população, isto é, nem todos podiam votar: a renda e a alfabetização eram critérios avaliados para o acesso ao voto – de acordo com Motta (1999), a renda mínima era de 100 mil réis (voto censitário). Portanto, analfabetos (voto literário) e mulheres eram excluídos do processo eleitoral. Com um eleitorado limitado, os partidos de quadros não tinham a função de mobilizar a sociedade em busca de votos.

Com a ampliação do eleitorado – sufrágio universal: a idade mínima para votar passou de 21 para 18 anos; o direito ao voto foi

Fabrícia Almeida Vieira

estendido às mulheres; o voto se tornou facultativo para analfabetos (Motta, 1999) – e a complexificação das sociedades, as organizações partidárias passaram por uma reconfiguração, a qual levou novos tipos de partidos a se destacarem: os partidos de massa. A principal função desses partidos seria a mobilização do numeroso eleitorado. Nas palavras de Manin (1995a, p. 9), "a ascensão desses partidos prefigurava não só a falência do notável, como também o fim do elitismo que caracterizara o parlamentarismo".

Diferentemente dos partidos de quadros, os partidos de massa tiveram origem nos grupos sociais. Peres (2009, p. 27, grifo nosso) menciona que esses

> *grupos sociais decidiram lutar pelo poder político no âmbito da competição eleitoral e perceberam que suas chances de vitória eram incrementadas na razão diretamente proporcional à **ampliação dos direitos políticos e à estruturação permanente e burocratizada de suas unidades organizacionais**. Desse modo, os grupos sociais criaram seus comitês eleitorais para competir nas eleições e, depois, formaram seus grupos parlamentares com seus membros já eleitos, de maneira que a direção partidária pudesse exercer controle sobre eles.*

Os partidos de massa desejavam que seus candidatos fossem escolhidos em assembleias gerais regionais ou nacionais, em vez de serem selecionados nos comitês. Tais organizações partidárias contavam com uma estrutura mais rígida e uma organização permanente – dentro e fora do período eleitoral. Elas procuravam atrair um número maior de adeptos, que funcionavam como "células", de modo que os comitês ficavam dispostos em diferentes domicílios, mantendo um contato maior com as comunidades locais. "As solidariedades de trabalho são mais estreitas que as do bairro ou da cidade: elas ligam mais fortemente os membros de um grupo que nelas se fundamenta" (Duverger, 1968, p. 365).

Por conseguinte, os partidos de massa tinham como principal função mobilizar o eleitorado, a fim de angariar mais votos e, consequentemente, conquistar cargos políticos. Segundo Weber (2009), esses são os principais objetivos dos partidos políticos.

No Quadro 3.1, apresentamos as principais diferenças entre os partidos de quadros e os de massa.

Quadro 3.1 – Características dos partidos de quadros e dos partidos de massa, segundo Duverger

	Partidos de Massas	Partidos de Quadros
Genealogia		
Origem	Externa	Interna
Vetor da gênese	A partir do topo (lideranças ou grupos burocráticos das organizações sociais)	A partir da base (os próprios parlamentares compõem a base do partido)
Desenvolvimento	Diretórios criados a partir do centro	O centro é criado a partir dos diretórios
Ocorrência Histórica	De meados do séc. XIX até o início do séc. XX	Início do séc. XX
Exemplares	Partidos proletários (socialistas e comunistas)	Partidos burgueses (liberais e conservadores)
Morfologia		
Grau de centralização	Mais centralizados (o grau de centralização da organização depende da estrutura da organização social que fundou o partido)	Menos centralizados (cada diretório tem bastante poder de decisão sobre as questões de interesse de cada instância)

(continua)

Fabrícia Almeida Vieira

(Quadro 3.1 – conclusão)

	Partidos de Massas	Partidos de Quadros
Grau de hierarquização	Altamente hierárquico (as decisões são verticalmente impostas)	Pouco hierárquico (as instâncias locais nem sempre seguem as decisões superiores)
Constitucionalismo partidário	Elevado (encontros, congressos, assembleias, etc.)	Reduzido
Grau de autonomia dos dirigentes	Lideranças centrais com maior liberdade de ação	Lideranças centrais com menor liberdade de ação
Burocracia	Elevada burocratização	Baixa burocratização
Estrutura organizacional	Complexa	Simples
Fisiologia		
Objetivos principais	Políticas (*policy-seeking*) Educação política	Vitória eleitoral (*vote-seeking*) Cargos governamentais (*office-seeking*)
Atividades	Permanentes	Sazonais [períodos eleitorais]
Campanha de Filiação	Intensa	Esmorecida
Financiamento	Contribuição dos filiados	"Investimento" dos quadros dirigentes
Função da ideologia	Preponderante	Secundária
Temas dos debates internos	Interesses doutrinários e coletivos	Interesses pessoais
Processos decisórios	Complexos	Simples
Vetor de influência	Do partido sobre os parlamentares	Dos parlamentares sobre os partidos
Grau de disciplina	Alta	Baixa

Fonte: Adaptado de Peres, 2009, p. 29.

SISTEMAS ELEITORAIS COMPARADOS

Como não se trata do objetivo deste capítulo, não aprofundaremos o debate sobre todas as características apresentadas no Quadro 3.1. Você pode se aprofundar no estudo dessas questões lendo o livro *Os partidos políticos*, de Maurice Duverger (1968), ou o artigo "Revisitando a teoria geral dos partidos de Maurice Duverger", de Paulo Peres (2009), ambos indicados no final do capítulo, na seção "Para saber mais". O que nos interessa, neste ponto, é esclarecer a ecologia do sistema partidário na concepção de Duverger. É isso que abordaremos no próximo tópico.

3.1.2 A ecologia dos sistemas partidários

Duverger (1968) realizou um estudo comparativo dos variados sistemas de partidos[2] com o intuito de diferenciar os tipos de sistemas, tendo em vista que eles causam profundos impactos na estrutura e no andamento dos sistemas políticos e eleitorais.

O sistema pluralista, analisado pelo cientista político, pressupõe a existência de pelo menos dois partidos políticos. Nessa categoria há sistemas bipartidários ou multipartidários. Duverger (1968) enfatiza que, para estabelecer as diferenças entre esses sistemas, devem ser levados em consideração simultaneamente todos os elementos do sistema de partido. Nas palavras do autor: "Contrariamente à opinião corrente, por exemplo, a originalidade do sistema francês não está no número elevado de partidos, mas sim na fraqueza de suas organizações, especialmente as de direita e de centro" (Duverger, 1968, p. 371).

---

2   *Para Duverger (1968), cada país tem um sistema de partido, que corresponde ao número de partidos, à estrutura interna dos partidos políticos, às ideologias e às alianças. Esses elementos se mantiveram estáveis nos países por certo período de tempo, e isso possibilitou a categorização que o autor propõe.*

Fabrícia Almeida Vieira

O número de partidos[3] impacta diretamente a estabilidade ou não dos governos. Nesse sentido, os sistemas bipartidários dispensam a formação de coalizões para a estabilidade do governo; já os multipartidários, que são fragmentados, exigem que o governo forme coalizões majoritárias em busca da governabilidade. Assim, sistemas multipartidários tendem a ser mais instáveis que os bipartidários.

Segundo Duverger (1968), a característica do sistema eleitoral e o número de partidos de uma democracia resultam da associação entre fatores gerais – socioeconômicos, ideológicos, além do sistema eleitoral (ou fatores técnicos, como menciona o autor) – e fatores específicos de cada país – como história, religião e composição étnica. Para ele, o sistema eleitoral é extremamente importante na avaliação do sistema partidário, pois pode trabalhar tanto para impulsionar a criação de novos partidos quanto para coibir a proliferação do número de partidos. Isto é, um sistema pode favorecer o multipartidarismo, enquanto outro pode ser um obstáculo para o processo de multiplicação de partidos políticos. Rebello (2012, p. 5) fornece um bom exemplo disso:

> Um sistema de partidos de um dado país pode apresentar inúmeros partidos legais, mas ser considerado um sistema bipartidário (exemplo dos EUA). Tal paradoxo é explicado pelas regras eleitorais que condicionam o peso do partido no sistema político. No caso do Legislativo, sistemas como o FTPT [sigla em inglês para first past the post, também conhecido como sistema de maioria simples] dificultam a entrada de novos partidos políticos, favorecendo, por vezes, um sistema tipicamente bipartidário como os Estados Unidos.

---

3   Conforme já mencionamos, o número de partidos é apenas um dos elementos presentes no sistema de partidos. Para entender a distinção entre o bipartidarismo e o multipartidarismo por meio dos demais elementos, consulte o primeiro capítulo do livro Os partidos políticos, Maurice Duverger (1968).

E como garantir que determinado sistema seja bipartidário ou multipartidário com base no formato quantitativo do sistema partidário? Aqui, as fórmulas eleitorais entram em cena. Na concepção de Duverger (1968), as fórmulas majoritárias estimulam efeitos mecânicos e psicológicos que conduzem à organização do bipartidarismo, ao passo que as fórmulas proporcionais oferecem maiores incentivos ao surgimento e à manutenção dos partidos políticos. Desse modo, tais fórmulas tendem a um sistema com mais de três partidos políticos.

Com o intuito de compreender a relação entre o tipo de sistema pluralista e as fórmulas eleitorais, Duverger (1968) elaborou algumas proposições que se tornaram as Leis Sociológicas de Duverger[4]. Essas proposições são:

1. Eleições com fórmula majoritária de **maioria simples** conduzem a um **sistema bipartidário**, com alternância entre grandes partidos independentes.
2. Eleições com sistema majoritário de **dois turnos** tendem a um **sistema multipartidário**, com partidos flexíveis e dependentes.
3. Eleições com sistema de representação **proporcional** tendem a um **sistema multipartidário**, com partidos rígidos.

Arend Lijphart (2011), em seu livro seminal *Electoral Systems and Party Systems*, publicado originalmente em 1994, ao analisar 22 democracias com base nas Leis de Duverger, encontrou alta correlação entre o sistema de maioria simples e o bipartidarismo, assim como entre o sistema proporcional e o multipartidarismo. O autor averiguou dois casos que fogem à regra: o Canadá, com sistema majoritário e um

---

4   *Giovanni Sartori (1968) e Rein Taagepera e Matthew Shugart (1990) fizeram um esforço para tornar as proposições de Duverger mais flexíveis. Apesar disso, as Leis de Duverger continuam com grande poder analítico.*

sistema partidário de dois grandes partidos e um terceiro partido médio; e a Áustria, com um sistema proporcional e dois grandes partidos.

Para explicar como o sistema eleitoral age sobre o sistema partidário, Duverger (1968) descreve dois mecanismos: **efeito mecânico** e **efeito psicológico**. O primeiro está relacionado ao fato de que os sistemas eleitores tendem a sub-representar os pequenos partidos ou os menos votados e sobrerrepresentar os grandes partidos ou os mais votados.

Já o segundo, consequência direta do efeito mecânico, influencia muito o comportamento dos eleitores. O efeito psicológico ocorre após duas eleições e pressupõe que os eleitores dos partidos menos votados tenderão a se comportar estrategicamente em eleições futuras, votando nos partidos/candidatos com mais chances de sucesso eleitoral. Pesquisas de opinião pública no período eleitoral, por exemplo, acabam afetando a escolha de alguns eleitores, que podem preferir utilizar o voto útil, atribuindo-o a um candidato com mais possibilidades de ganhar.

De acordo com Nicolau e Schmitt (1995), o efeito psicológico também produz implicações no comportamento dos partidos e de seus membros, de modo que estes traçam suas estratégias de campanha com base na forma como o efeito mecânico incide nas chances eleitorais. Assim, o efeito psicológico influencia o voto, e o mecânico, as cadeiras.

A primeira Lei de Duverger é resultado da composição desses dois efeitos. Basicamente, o sistema majoritário de maioria simples gera a sub-representação dos partidos menos votados, de forma que a representação política pertence ao candidato/partido mais votado (efeito mecânico). Logo, os eleitores passam a votar estrategicamente nos candidatos/partidos com mais chances de vitória (efeito psicológico). A fórmula majoritária tem seguimento restritivo na representação dos partidos políticos e no comportamento dos eleitores.

A segunda Lei refere-se ao sistema majoritário de dois turnos. Em conformidade com Peres (2009), os efeitos mecânico e psicológico são minimizados no sistema de dois turnos. O primeiro turno seria um teste das chances eleitorais dos partidos que compõem o pleito, funcionando como uma capitalização eleitoral dos partidos que não avançam ao segundo turno. Essa fórmula tende ao multipartidarismo justamente pelas possibilidades de alianças entre os partidos políticos.

A fórmula proporcional, ao contrário, tem baixa influência do efeito mecânico e, consequentemente, reduz o impacto do efeito psicológico. Assim, os eleitores se sentem mais à vontade para votar no candidato/partido favorito. Ocorre também a diminuição das restrições para a concepção de novos partidos. Partidos pequenos e/ou novos têm chances de obter a representação política, fato que contribui para a manutenção de tais partidos. O sistema de representação proporcional é, dessa forma, um acelerador para a propagação dos partidos políticos, produzindo, como menciona a terceira Lei de Duverger, um sistema multipartidário.

O Quadro 3.2, resume bem a relação entre sistemas eleitorais e partidários.

Quadro 3.2 – Relação entre sistemas eleitorais e partidários de acordo com as Leis de Duverger

Sistema eleitoral	Formato quantitativo	Regime	Coalizões	Governo
Maioria simples	Bipartidário	Democrático	Não	Estável
Dois turnos	Multipartidário	Democrático	Sim	Instável
Proporcional	Multipartidário	Democrático	Sim	Instável

Fonte: Adaptado de Peres, 2009, p. 38.

Fabrícia Almeida Vieira

Perguntas & respostas

Qual é a importância dos partidos políticos nas democracias contemporâneas?

Conforme algumas pesquisas têm enfatizado, os partidos políticos são essenciais – embora não satisfatórios – para o desempenho dos regimes democráticos. A importância das organizações partidárias está relacionada tanto à questão da representação quanto à questão governamental. A relevância dos partidos políticos pode ser ilustrada a partir das funções que eles cumprem nas democracias contemporâneas: "estruturam a competição política na arena eleitoral, fornecem aos cidadãos ofertas na agenda pública e opções em termos de políticas públicas, dão inteligibilidade ao sistema político, são atores fundamentais na formação e sustentação de maiorias governantes" (Paiva; Braga; Pimentel Junior, 2007, p. 389).

Os partidos políticos se distinguem dos demais atores políticos pela função de estruturação da competição eleitoral, que é, aliás, a principal função dessas instituições. Como afirma Rebello (2012), os partidos políticos são imprescindíveis para a organização das democracias representativas, assim como para a existência delas. Os candidatos brasileiros, por exemplo, só podem participar do pleito eleitoral por intermédio de um partido político. Desse modo, a representação se dá por meio dessas instituições. Além disso, os partidos são os mediadores entre a sociedade e o campo político, levando as demandas sociais para as discussões políticas.

Síntese

Nosso intuito neste capítulo foi esclarecer quais são os impactos dos sistemas eleitorais no sistema partidário. Para isso, recorremos à teoria de Duverger. Primeiramente, examinamos a origem dos partidos políticos de acordo com esse autor. Os partidos de quadros nasceram no Parlamento, não tinham organização permanente, contavam com poucos membros e, logo, apresentavam uma estrutura frágil. Com a dinâmica das sociedades e o sufrágio universal, surgiram os partidos de massa, com origem nos grupos sociais. Tais partidos contavam com uma estrutura mais forte e uma organização permanente – dentro e fora do período eleitoral. Além disso, os partidos de massa tinham a função de mobilizar o eleitorado para conquistar mais votos e, em seguida, cargos políticos.

Após essa categorização, analisamos a ecologia dos sistemas partidários. Duverger entende que as fórmulas eleitorais podem estimular ou desestimular a formação de novos partidos e que isso influencia o modo da representação partidária. As leis desse cientista indicam que no sistema de maioria simples há maior probabilidade de haver sistemas bipartidários, ou seja, uma competição baseada na oposição de dois grandes partidos, como ocorre nas eleições presidenciais dos Estados Unidos. Nesse caso, há um efeito mecânico e um psicológico. O efeito mecânico está atrelado à distribuição das cadeiras, já que o sistema de maioria simples tende a sub-representar os pequenos partidos e sobrerrepresentar os grandes. Por sua vez, o efeito psicológico influencia o voto, tendo em vista que o eleitor, em vez de optar por sua primeira preferência, vota no candidato/partido com mais chances de vencer (voto útil).

Já no sistema de dois turnos existe maior probabilidade de se estabelecer o multipartidarismo, assim como acontece nas eleições

Fabrícia Almeida Vieira

presidenciais no Brasil, em que há mais de três partidos, geralmente competitivos e com chances eleitorais. A última Lei de Duverger atesta que o sistema proporcional também tende ao multipartidarismo. Tanto o sistema proporcional quanto o sistema de dois turnos oferecem oportunidades de coalizões e produzem certa instabilidade no governo, pelo fato de contarem com muitos partidos na composição do Legislativo.

Exercício resolvido

Quais são as Leis de Duverger? Explique citando exemplos práticos.

A primeira de suas leis indica que no sistema majoritário de maioria simples há maior probabilidade de haver sistemas bipartidários, isto é, há competição baseada em uma oposição entre dois grandes partidos. Nos Estados Unidos, por exemplo, as eleições presidenciais ficam concentradas no Partido Republicano e no Partido Democrata. Muitas pessoas, aliás, acreditam que somente esses dois partidos existam nesse país, o que não é verdade, já que há vários outros partidos; porém, a competição eleitoral é bipartidarizada. Esse sistema sofre interferências dos efeitos mecânico e psicológico. O efeito mecânico se manifesta na tendência da sub-representação dos pequenos partidos e na sobrerrepresentação dos grandes partidos. Já o efeito psicológico influencia o voto, de modo que o eleitor utiliza o voto útil como estratégia.

A segunda Lei de Duverger assegura que no sistema de dois turnos são maiores as chances de haver multipartidarismo. Isso porque a possibilidade de haver um segundo turno torna a disputa eleitoral mais competitiva, como ocorre nas eleições para presidente no Brasil.

A última Lei de Duverger assevera que o sistema proporcional também tende ao multipartidarismo. Esse sistema é adotado em distritos plurinominais, isto é, que dispõem de mais de duas cadeiras em disputa, o que favorece uma disputa eleitoral mais competitiva, uma vez que mais de um partido tem chance de sucesso eleitoral. Esse panorama pode ser observado nas eleições para a Câmara dos Deputados no Brasil, que adota o sistema de representação proporcional de lista aberta e conta com um sistema multipartidário tanto na competição eleitoral quanto na composição da casa legislativa.

Questões para revisão

1. Marque V para as afirmações verdadeiras e F para as falsas e, em seguida, assinale a opção que apresenta a sequência correta:

( ) Os partidos de massa tiveram origem externa ao Parlamento. Formam organizações permanentes – dentro e fora do contexto eleitoral –, com uma estrutura organizacional complexa e membros com objetivos comuns. Já os partidos de quadros surgiram dentro do Parlamento. Não eram organizações permanentes, pois se reuniam apenas em período eleitoral, contavam com poucos membros e uma estrutura simples e frágil.

( ) O número de partidos políticos afeta a estabilidade do governo. Os sistemas bipartidários não carecem de formação de coalizões para a estabilidade do governo. Nos sistemas multipartidários, as coalizões são necessárias, a fim de garantir melhor governabilidade.

Fabrícia Almeida Vieira

( ) As fórmulas majoritárias estimulam efeitos mecânicos e psicológicos que conduzem à organização do bipartidarismo, enquanto as fórmulas proporcionais oferecem maiores incentivos ao surgimento e à manutenção dos partidos políticos. Desse modo, tais fórmulas tendem a um sistema com mais de três partidos políticos.

( ) As Leis de Duverger podem ser resumidas da seguinte maneira: sistemas majoritários tendem ao bipartidarismo, e sistemas proporcionais tendem a um sistema de múltiplos partidos.

a) V, V, F, F.

b) V, F, V, V.

c) F, V, F, F.

d) V, V, V, F.

2. Sobre os efeitos mecânico e psicológico, assinale a alternativa correta:

a) Os efeitos mecânico e psicológico foram identificados por Duverger para explicar o comportamento dos eleitores.

b) O efeito mecânico impacta o comportamento dos eleitores, de modo que estes votam estrategicamente nos candidatos ou partidos com mais chances de vencer.

c) O efeito psicológico influencia na distribuição das cadeiras, de forma que o sistema de maioria simples tende a sub-representar os pequenos partidos e sobrerrepresentar os grandes partidos.

d) Duverger identificou esses efeitos para explicar como o sistema eleitoral age sobre o sistema partidário no sistema majoritário, sendo que o efeito mecânico impacta a distribuição de cadeiras, e o efeito psicológico influencia no comportamento dos eleitores.

3. Com base no que foi discutido neste capítulo, explique como o sistema eleitoral influencia o sistema partidário.

4. Como o número de partidos pode afetar o governo? Explique.

5. De acordo com o conteúdo abordado neste capítulo, marque a alternativa **incorreta**:

   a) A fórmula proporcional tem baixa influência do efeito mecânico e, consequentemente, reduz o impacto do efeito psicológico.

   b) No sistema de representação proporcional, os efeitos mecânico e psicológico têm o mesmo impacto que no sistema majoritário de maioria simples.

   c) O sistema de representação proporcional é um acelerador para a propagação dos partidos políticos, produzindo, como indica a terceira Lei de Duverger, um sistema multipartidário.

   d) O sistema majoritário de maioria simples funciona como um freio na propagação de novos partidos e na conquista de representação por pequenos partidos.

Questões para reflexão

1. Conforme mencionamos anteriormente, a importância dos partidos políticos está nas funções que essas instituições cumprem nas democracias representativas. Eles "estruturam a competição política na arena eleitoral, fornecem aos cidadãos ofertas na agenda pública e opções em termos de

políticas públicas, dão inteligibilidade ao sistema político, são atores fundamentais na formação e sustentação de maiorias governantes" (Paiva; Braga; Pimentel Junior, 2007, p. 389). Essa reflexão engloba a relevância das organizações partidárias de forma geral.

Com base nisso, responda: Qual é a importância dos pequenos partidos nas democracias contemporâneas?

2. A figura a seguir refere-se à composição das Câmaras dos Deputados em três países em 2014. Observe:

Figura A –Fragmentação partidária

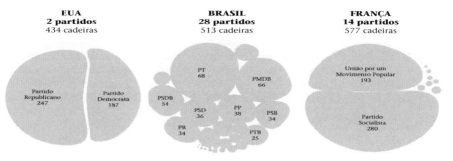

Fonte: Almeida; Mariani; Demasi, 2016.

Em 2014, a Câmara dos Deputados dos Estados Unidos contava com 434 cadeiras e era predominantemente composta por dois partidos. No Brasil, essa casa legislativa apresentava 513 cadeiras, sendo composta por 28 partidos. Já na França, havia 14 partidos com representação na Câmara dos Deputados, com um total de 577 cadeiras. Os três países em questão adotam distintos sistemas eleitorais para as eleições do Legislativo e contam com diferentes configurações do sistema partidário.

Com base na observação dos dados dessa figura e no conteúdo abordado até o momento, responda ao que se pede:

a) Quais são as características do sistema eleitoral e partidário de cada país?

b) É possível relacionar as características do sistema eleitoral e partidário de cada país às Leis de Duverger? De que forma?

Para saber mais

COLOMER, J. M. Son los partidos los que eligen los sistemas electorales (o las leyes de Duverger cabeza abajo). **Revista Española de Ciência Política**, n. 9, p. 39-63, oct. 2003. Disponível em: <https://recyt.fecyt.es/index.php/recp/article/download/37346/20864>. Acesso em: 2 mar. 2018.

O artigo de Josep Colomer inverte a lógica das Leis de Duverger e as utiliza como hipótese da pesquisa. A leitura é recomendada, tendo em vista que o artigo questiona as proposições de Duverger.

DUVERGER, M. **Os partidos políticos**. Rio de Janeiro: Forense, 1968.

Com a leitura da obra de Maurice Duverger, você poderá entender melhor sobre a genealogia, a morfologia e a fisiologia dos partidos políticos, além de se aprofundar nas Leis de Duverger e em suas proposições.

Fabrícia Almeida Vieira

FERREIRA, D. P.; BATISTA, C. M.; STABILE, M. A evolução do sistema partidário brasileiro: número de partidos e votação no plano subnacional 1982-2006. **Opinião Pública**, Campinas, v. 14, n. 2, nov. 2008. Disponível em: <http://www.scielo.br/pdf/op/v14n2/07.pdf>. Acesso em: 2 mar. 2018.

PAIVA, D.; BRAGA, M. do S. S.; PIMENTEL JUNIOR, J. T. P. Eleitorado e partidos políticos no Brasil. **Opinião Pública**, Campinas, v. 13, n. 2, p. 388-408, nov. 2007. Disponível em: <http://www.scielo.br/pdf/op/v13n2/a07v13n2.pdf>. Acesso em: 2 mar. 2018.

Para conhecer mais sobre o sistema partidário brasileiro, vale a pena fazer a leitura desses dois textos.

MAINWARING, S. Políticos, partidos e sistemas eleitorais: o Brasil numa perspectiva comparativa. Tradução de Otacílio F. Nunes Júnior. **Novos Estudos Cebrap**, São Paulo, n. 29, p. 34-58, mar. 1991. Disponível em: <http://novosestudos.uol.com.br/produto/edicao-29/>. Acesso em: 2 mar. 2018.

MAINWARING, S. **Sistemas partidários em novas democracias**: o caso do Brasil. Rio de Janeiro: Ed. da FGV; Porto Alegre: Mercado Aberto, 2001.

Scott Mainwaring é um autor brasilianista com artigos e livros muito interessantes sobre os partidos políticos no Brasil. Vale a pena conferir os dois textos indicados.

PERES, P. S. Revisitando a teoria geral dos partidos de Maurice Duverger. **Revista Brasileira de Informação Bibliográfica em Ciências Sociais**, n. 68, p. 17-58, jul./ dez. 2009. Disponível em: <http://www.anpocs.org/index.php/ edicoes-anteriores/bib-68/623-bib-68-integra/file>. Acesso em: 2 mar. 2018.

Nesse artigo, Paulo Peres revisita a teoria geral dos partidos políticos de Duverger, explicando mais as questões de genealogia, morfologia e fisiologia das organizações partidárias.

RODRIGUES, L. M. Os partidos brasileiros representam algo? In: _____. **Partidos, ideologia e composição social**: um estudo das bancadas partidárias na Câmara dos Deputados. Rio de Janeiro: Centro Edelstein de Pesquisas Sociais, 2009. p. 16-36.

Se você tem dúvidas a respeito do que os partidos brasileiros representam, recomendamos a leitura desse artigo de Leôncio Rodrigues.

Fabrícia Almeida Vieira

Capítulo 4
Efeitos dos
sistemas eleitorais

Conteúdos do capítulo:

- Principais efeitos dos sistemas eleitorais.
- Fragmentação partidária.
- Desproporcionalidade.
- Representação das mulheres.

Após o estudo deste capítulo, você será capaz de:

1. compreender as consequências dos sistemas eleitorais;
2. entender como se dá a associação entre sistemas eleitorais e sistemas partidários;
3. perceber a importância da proporcionalidade em um sistema político;
4. considerar o princípio da igualdade política na democracia representativa.

Nos capítulos anteriores, discutimos como os sistemas eleitorais causam impacto na representação política e no sistema partidário. Ao ter lido com atenção os Capítulos 2 e 3, você deve ter observado que já mencionamos alguns efeitos dos sistemas eleitorais. Os sistemas majoritários tendem a criar disputas bipartidárias, com menor fragmentação partidária no Legislativo e menor proporcionalidade entre votos e cadeiras. As fórmulas proporcionais tendem a um sistema multipartidário, fornecendo mais oportunidades para a representação de pequenos partidos. Isso gera maior fragmentação partidária no Legislativo e, ao mesmo tempo, maior proporcionalidade entre os votos e as cadeiras.

Entretanto, neste capítulo, o intuito é sistematizar os efeitos dos sistemas eleitorais. Para isso, enfocaremos três aspectos: i) o nível da fragmentação partidária no Legislativo; ii) a desproporcionalidade na relação entre os votos recebidos e a distribuição das cadeiras; iii) a representação das mulheres na Câmara dos Deputados. Há, sim, outros efeitos dos sistemas eleitorais, mas consideramos que esses são os três aspectos mais gerais e que, portanto, merecem nossa atenção.

(4.1)
Fragmentação partidária

O sistema eleitoral exerce enorme influência na configuração do sistema partidário, especialmente no número de partidos em uma democracia, de acordo com Lijphart (2003). A associação entre o sistema eleitoral e o sistema partidário é objeto de estudo da ciência política desde 1950 (Nicolau, 2012). O livro *Os partidos políticos*, de Maurice Duverger (1968), é considerado uma das mais importantes obras da ciência política e da sociologia política que tratam dessa temática.

Fabrícia Almeida Vieira

Conforme já discutimos, no entendimento de Duverger (1968), o sistema eleitoral pode tanto coibir quanto agir em prol da proliferação de partidos políticos. Relembrando as proposições desse teórico, o sistema de representação proporcional tende ao multipartidarismo, com partidos fortes e estáveis; o sistema majoritário de dois turnos tende a um sistema de múltiplos partidos, que fazem alianças entre si; e o sistema majoritário de maioria simples tende ao sistema bipartidário, com partidos independentes (Duverger, 1968).

No sistema majoritário de maioria simples, como abordamos no Capítulo 2, os pequenos partidos tendem a ser sub-representados, pois essa fórmula privilegia o partido (ou candidato) mais votado do distrito eleitoral (efeito mecânico). Como consequência desse efeito, os eleitores seriam conduzidos a votar estrategicamente nos partidos com mais chances de ganhar (efeito psicológico). Desse modo, o sistema majoritário tem um efeito restritivo quanto à multiplicação dos partidos políticos, tendendo ao dualismo, com baixa fragmentação partidária no Legislativo.

Por outro lado, no sistema de representação proporcional, há menos chances de ocorrerem a sub-representação de pequenos partidos e a polarização de grandes partidos. Esse sistema tende ao multipartidarismo, sendo, na verdade, um acelerador para a multiplicação e manutenção das organizações partidárias; consequentemente, há uma elevada fragmentação partidária no Poder Legislativo.

Giovanni Sartori (1982), cientista político, também pesquisou os efeitos do sistema eleitoral sobre o sistema partidário e publicou seus resultados no livro *Partidos políticos e sistemas partidários*, cuja primeira edição data de 1976. De acordo com esse autor, há sistemas eleitorais que podem ser classificados como fortes, na medida em que exercem efeitos restritivos e coercitivos sobre os partidos políticos.

Nessa perspectiva, o sistema majoritário de maioria simples é um bom exemplo de sistema forte, pois apenas um partido conquista a representação, e os demais são excluídos desse processo. Outros sistemas eleitorais podem ser classificados como fracos, por serem menos limitativos. Nesse caso, o sistema de representação proporcional é um bom exemplo de sistema fraco, tendo em vista que os pequenos partidos têm mais oportunidades de conquistar a representação. Em outras palavras, o sistema majoritário produz um Legislativo menos fragmentado, ao passo que no sistema proporcional essa instância do poder tende a ser altamente fragmentada.

A fim de comprovarem essa afirmação, alguns estudiosos começaram a desenvolver mecanismos que lhes permitissem avaliar os níveis de fragmentação partidária. Assim, foram propostos vários índices de fragmentação[1]. A partir de 1980, um desses índices foi bastante difundido na ciência política, o Número Efetivo de Partidos (NEP[2]). Ele tem o objetivo de demonstrar os níveis de dispersão partidária em uma eleição: quanto maior for seu valor, maiores serão tais níveis. Por meio desse índice, é plausível assumir que as Câmaras dos Deputados em países com sistema proporcional são mais fragmentadas, em comparação com os países que adotam os sistemas majoritário ou misto[3].

---

1   *Por exemplo, Douglas Rae (1967) e o índice de fracionalização; Marku Laakso e Rein Taagepera (1979) e o índice do Número Efetivo de Partidos (NEP). Para saber mais sobre o tema, leia a tese de doutorado* Partidos e governos nas sombras: clareza de responsabilidade, responsabilização eleitoral e sistema partidário no Brasil, *de Maurício Michel Rebello (2013).*

2   *O NEP pode se desdobrar em NEPE (Número Efetivo de Partidos Eleitorais), que mensura a fragmentação partidária no momento da competição eleitoral, e NEPP (Número Efetivo de Partidos Parlamentares), que mostra a fragmentação com relação ao número de cadeiras, conforme Rebello (2012).*

3   *Para saber mais sobre o tema, leia "Sistemas eleitorais e seus efeitos", último capítulo do livro* Sistemas eleitorais, *de Jairo Nicolau (2012).*

Fabrícia Almeida Vieira

A maior fragmentação partidária é vista nos Legislativos dos sistemas presidencialistas. Segundo Rebello (2012), o Brasil tem algumas das maiores taxas de fragmentação partidária em nível mundial – há apenas três países com índices superiores: Israel, Bélgica e Líbano. Os distritos eleitorais brasileiros apresentam alta magnitude, e isso acentua o sistema multipartidário do país. Além disso, questões sociais também podem ser um fator explicativo da alta fragmentação no Brasil, como elucida Santos (1998). Uma dessas questões refere-se ao fato de que o eleitorado brasileiro é muito heterogêneo, e a existência de muitos partidos contribui para que os diversos segmentos sociais sejam representados no Legislativo.

Utilizando o índice do Número Efetivo de Partidos Parlamentares (NEPP), Rebello (2012) mostra a fragmentação partidária no Brasil de 1990 a 2010, conforme é possível observar no Gráfico 4.1.

Gráfico 4.1 – NEPP na Câmara dos Deputados do Brasil entre 1990 e 2010

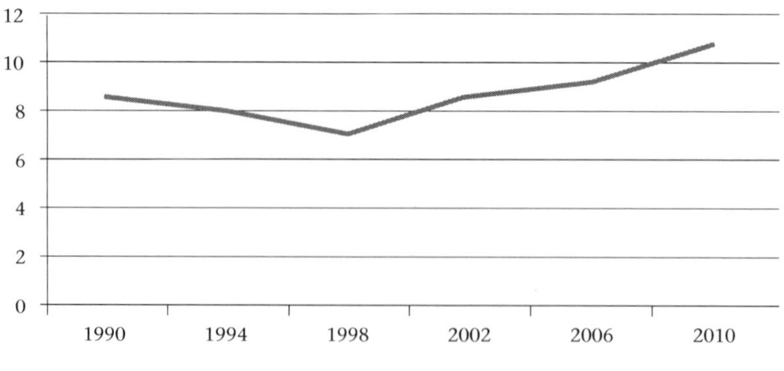

Fonte: Adaptado de Rebello, 2012, p. 8.

Por meio desse gráfico, podemos identificar que a alta fragmentação partidária no Brasil ocorre desde 1990, com um índice NEPP de 8,7. Já em 1998, o NEPP diminuiu para 7,1. No entanto, em 2002, a fragmentação voltou a aumentar, com um índice de 10,8 em 2010 (Rebello, 2012).

Além disso, o autor fez testes estatísticos para indicar a correlação entre a magnitude do distrito e o número efetivo de partidos. Os esultados indicam que, quanto maior for a magnitude, maior será a probabilidade de fragmentação parlamentar.

Perguntas & respostas

Quais são as consequências da alta fragmentação partidária no Legislativo de um país?

Por muito tempo, foi válido o entendimento de que a fragmentação partidária poderia gerar problemas de governabilidade, ou seja, ingovernabilidade, que consiste em enfrentar dificuldades para promover modificações na política, causando certa paralisia no processo decisório, como explica Rebello (2012). No entanto, com o avanço dos estudos sobre essa temática, chegou-se ao entendimento de que o imobilismo do processo decisório pode ser gerado por outros motivos, como a conquista ou não de maiorias de base para o governo. Por exemplo, "um sistema bipartidário onde os dois partidos com preferências não negociáveis tenham 50% igualmente distribuídos no parlamento gerará imobilismo" (Rebello, 2012, p. 20). Dessa forma, é consensual na ciência política que a fragmentação partidária na Câmara dos Deputados não gera, necessariamente, ingovernabilidade.

Fabrícia Almeida Vieira

De acordo com Rebello (2012), a alta fragmentação partidária impacta, de fato, no monitoramento eleitoral. Em virtude do elevado número de partidos com representação, os eleitores encontram muitas dificuldades para avaliar as ações de representantes ou de partidos políticos. Consequentemente, torna-se improvável que o eleitor responsabilize determinado partido por suas ações, pois ele não consegue identificar quem é responsável pela implementação de dada política pública, por exemplo.

Kinzo (2005) ressalta que a elevada fragmentação partidária no Brasil resulta em grande desinformação do eleitorado sobre as organizações partidárias, pois tira a percepção de qual instituição partidária ou representante é responsável pelo local em que o eleitor reside, dificultando que este faça uma avaliação das políticas públicas realizadas no período do mandato. Logo, reduzem-se as chances de o eleitorado gratificar (votando no mesmo partido) ou castigar (votando em outro partido) determinado representante ou organização partidária.

(4.2)
Desproporcionalidade

A proporcionalidade entre os votos dos eleitores e a distribuição das cadeiras, bem como a representação parlamentar, é o foco dos debates nacionais e internacionais sobre os efeitos dos sistemas eleitorais. Em conformidade com Cavalcante e Turgeon (2015), um dos princípios básicos dos regimes democráticos é a equidade dos votos, ou seja, o voto tem o mesmo valor para todas as pessoas (uma pessoa = um voto). No entanto, a desproporcionalidade entre votos e cadeiras desrespeita esse princípio, resultando em pesos distintos para os votos dos eleitores nos distritos eleitorais. A desproporcionalidade, portanto, corresponde ao desequilíbrio entre o número de votos dos eleitores de um distrito eleitoral e o número de cadeiras conquistadas pelo distrito na Câmara dos Deputados.

Existe também a desproporcionalidade na representação[4], que consiste no desequilíbrio entre a população de um distrito eleitoral e as cadeiras disponíveis no Legislativo para esse distrito[5] (Soares; Lourenço, 2004). De acordo com Cavalcante e Turgeon (2015, p. 16),

> De forma geral, a distorção na representação dos distritos é mais comum nas câmaras altas ou nos senados, uma vez que elas têm como finalidade precípua representar os interesses geográficos, por razões frequentemente históricas. As câmaras baixas, por outro lado, geralmente têm por objetivo representar os interesses da população como um todo. Porém, isso não impede a existência de desproporcionalidade nessas casas também.

Os autores salientam que o Brasil é o país mais desproporcional da América Latina. Abordaremos em mais detalhes esse tema no próximo capítulo, que trata especificamente do sistema eleitoral brasileiro.

Conforme já discutimos, os sistemas eleitorais apresentam virtudes e falhas. Com relação à equidade entre votos e cadeiras, o sistema majoritário é criticado por gerar distorções entre os votos dados e a alocação das cadeiras, principalmente no que se refere à sub-representação de partidos pequenos. Nesse quesito, o sistema proporcional de

---

4   A desproporcionalidade é conhecida na literatura internacional como malapportionment.

5   A desproporcionalidade na representação pode gerar diversos efeitos, como: i) distorções na relação entre o Executivo e o Legislativo, o que pode beneficiar unidades com sobrerrepresentação; ii) desequilíbrios nas políticas fiscais dos governos e dos distritos eleitorais; iii) distorções no sistema partidário, beneficiando alguns partidos e prejudicando outros (Cavalcante; Turgeon, 2015).

Fabrícia Almeida Vieira

lista é elogiado pela relativa proporcionalidade entre os votos válidos e a distribuição das cadeiras.

A maior ou menor proporcionalidade entre os votos dos eleitores e a alocação das cadeiras na Câmara dos Deputados depende de uma série de fatores, tais como: a fórmula eleitoral adotada; a magnitude dos distritos eleitorais; o uso ou não de cláusulas de barreiras; o número de cadeiras em disputa (Nicolau, 2012).

E como medir a proporcionalidade ou a desproporcionalidade de um sistema eleitoral? Alguns cientistas políticos elaboraram índices para aferir essa questão[6]. Nicolau (2012) assegura que o índice mais utilizado é o do cientista político Michael Gallagher (Índice de Gallagher), que mede o grau de distorção entre o voto do eleitorado e a representação conquistada pelos partidos políticos. Quando o resultado do índice fica mais próximo de zero, isso significa que o sistema é mais proporcional.

Países que adotam os distritos eleitorais normalmente apresentam algum grau de desproporcionalidade, ao contrário de países em que as eleições para o Legislativo são realizadas em um distrito único nacional, que tendem a ter uma proporcionalidade praticamente perfeita, como explicam Soares e Lourenço (2004). Desse modo, a questão central é entender o grau de desproporcionalidade.

Com base nas eleições para a Câmara dos Deputados de 2010, Nicolau (2012) calculou o índice de proporcionalidade de países com sistemas majoritário, misto e proporcional, para averiguar quais seriam os índices em tais nações. No sistema majoritário, as eleições de Belize foram as que mais atingiram resultados de desproporcionalidade, ao passo que Estados Unidos e Vanuatu, respectivamente,

---

6   *Para saber mais sobre os índices de proporcionalidade, leia o artigo "Desproporcionalidade da representação na Câmara dos Deputados: análise dos efeitos sobre o sistema partidário no Brasil", de Pedro Cavalcante e Mathieu Turgeon (2015).*

foram as nações que mais se aproximaram da proporcionalidade. Já no sistema misto, as eleições de Taiwan e do Japão tiveram os resultados menos proporcionais, enquanto a Alemanha obteve o índice mais próximo da proporcionalidade. Por sua vez, no sistema proporcional, os resultados eleitorais no Brasil se afastaram da proporcionalidade, como mostram Soares e Lourenço (2004). O país que adota esse sistema em que os resultados eleitorais mais se aproximaram da proporcionalidade foi a África do Sul, e o menos proporcional foi a Turquia (que utiliza cláusula de barreira, o que o torna mais desproporcional, pois aumenta o índice).

A variação da proporcionalidade é menor no sistema proporcional. Por outro lado, nos sistemas majoritário e misto, essa variação é maior. Ou seja, nesses dois sistemas, verifica-se maior desproporcionalidade, ao passo que o sistema proporcional apresenta mais equidade entre os votos dos eleitores e a representação dos partidos.

Uma das consequências da desproporcionalidade entre votos e cadeiras recai no desempenho dos partidos políticos. Cavalcante e Turgeon (2005, p. 20-21) mencionam um exemplo interessante desse efeito:

> supõe-se o cenário em um sistema eleitoral proporcional plurinominal como o brasileiro, de dois distritos com oito representantes cada, distritos A e B, sendo o primeiro com o dobro de eleitores que o segundo, 160 mil e 80 mil, respectivamente. O partido 1 recebe 120 mil votos no distrito A e 10 mil no distrito B, total de 130 mil votos; ele ganha sete cadeiras no legislativo, seis no distrito A e uma no B. O partido 2 tem um desempenho pior no distrito A (40 mil votos) e melhor no B (70 mil), totalizando 110 mil eleitores, mas consegue eleger nove representantes no legislativo. Portanto, embora a primeira legenda tenha obtido uma maior votação em termos absolutos (130 mil contra 110 mil votos), diante da desproporcionalidade de representação entre os distritos, é o partido 2 que detém

o melhor resultado final (nove contra sete representantes). Nitidamente, um caso típico de viés partidário originário do malapportionment.

Assim, é possível afirmar que a desproporcionalidade gera efeitos inusitados sobre o sistema partidário, favorecendo alguns partidos e prejudicando outros.

(4.3)
REPRESENTAÇÃO DAS MULHERES

A representação das mulheres na política é foco de investigação de muitos estudos. Em geral, os pesquisadores percebem que há dificuldades para a inserção da mulher na política por vários fatores, como falta de recursos financeiros, falta de tempo ou até mesmo de incentivo. Sacchet (2009) assegura que a participação das mulheres no processo de tomadas de decisão é reduzida no mundo inteiro. A inclusão das mulheres na política é um processo de superação das barreiras sociais, institucionais e culturais, que foram arquitetadas ao longo do tempo (Vieira; Eduardo, 2015a). "Não se trata apenas de eleger representantes de um grupo minoritário, e sim de abrir espaços para 'ouvir essas vozes' que se encontram às margens da estrutura social" (Oliveira, 2016, p. 8-9).

Conforme alega Nicolau (2012), determinados sistemas eleitorais têm a capacidade de contribuir com a representação de grupos minoritários. A ideia básica é: quanto mais a diversidade social estiver espelhada no Legislativo, melhor será o sistema[7].

A maior ou menor representação feminina no Legislativo depende de alguns quesitos, como: a cultura e a religião do país;

---

7   *Partimos da ideia de que a democracia representativa é pautada na igualdade política. Por isso, a exclusão de grupos minoritários caracteriza preceitos não democráticos.*

a implementação de cotas para candidatura feminina; e, especialmente, o sistema eleitoral. Você pode estar se perguntando: "E como os sistemas eleitorais afetam a representação feminina no Legislativo?" O argumento básico dos estudiosos do sistema eleitoral é que as fórmulas proporcionais tendem a dar mais oportunidades para a representação das mulheres do que as fórmulas majoritárias (Nicolau, 2012). O principal motivo que valida essa afirmação é que os distritos plurinominais favorecem a adoção de cotas.

O Projeto Mulheres Inspiradoras[8] realizou uma pesquisa sobre a representação feminina em 138 países, de 1990 até dezembro de 2016, com base em dados tabulados pelo Banco Mundial. O Gráfico 4.2, apresenta o *ranking* mundial[9] da representatividade feminina no Parlamento.

Gráfico 4.2 – Representação feminina no Parlamento (%)

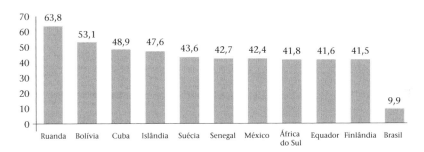

Fonte: Adaptado de Machado, 2018, p. 4.

---

8   O Projeto Mulheres Inspiradores é um projeto brasileiro, *"apartidário e sem fins lucrativos que desenvolve eventos, palestras, divulga informações e produz análises sobre temas relativos ao empreendedorismo, participação feminina nos espaços de poder, motivação e superação"* (Machado, 2018, p. 2).
9   Para conhecer o ranking completo, consulte: <http://www.marlenecamposmachado.com.br/documentos/pequisa-presenca-feminina-no-parlamento.pdf>. Acesso em: 2 mar. 2018.

Fabrícia Almeida Vieira

Os dez primeiros países do *ranking* apresentam médias muito elevadas perante as demais médias mundiais. Ruanda é o país com a maior média (63,8%): das 80 cadeiras no Parlamento, 51 são ocupadas por mulheres. Na Bolívia, do total de 130 cadeiras, 69 (53,1%) são de mulheres. O Parlamento de Cuba possui 612 cadeiras, sendo 299 ocupadas por representantes mulheres (IPU, 2018a) Os dados expõem que, em Ruanda e, em menor grau, na Bolívia, as mulheres são maioria no Parlamento. O Brasil se encontra na 115º posição do *ranking*, com média de 10,72% de representação feminina na Câmara dos Deputados, ou seja, de 513 representantes 55 são mulheres (IPU, 2018a).

O Inter-Parliamentary Union (IPU) também elaborou um *ranking* da representação feminina no Legislativo em 193 países, com base em informações disponibilizadas pelos próprios Parlamentos até o dia 1º de outubro de 2017. Os primeiros lugares, Ruanda, Bolívia e Cuba, coincidem com os resultados da pesquisa do Projeto Mulheres Inspiradoras. No entanto, o Brasil despenca para o 155º lugar, uma posição bem inferior quanto à representação das mulheres na Câmara dos Deputados (IPU, 2018a).

O Gráfico 4.3 mostra a representação feminina por macrorregiões.

Gráfico 4.3 – Média de mulheres no Parlamento (%)

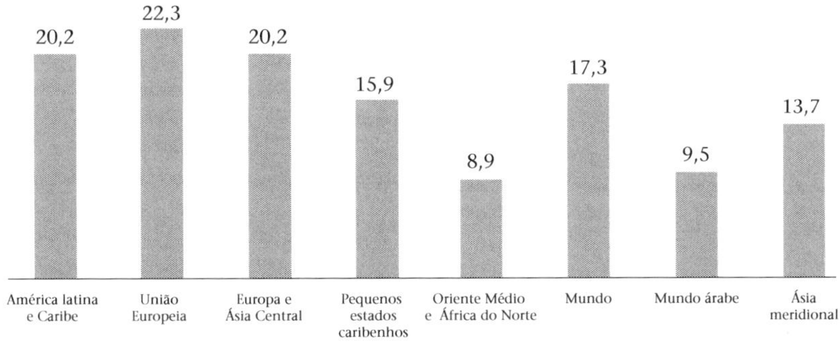

América latina e Caribe	União Europeia	Europa e Ásia Central	Pequenos estados caribenhos	Oriente Médio e África do Norte	Mundo	Mundo árabe	Ásia meridional
20,2	22,3	20,2	15,9	8,9	17,3	9,5	13,7

Fonte: Adaptado de Machado, 2018, p. 10.

Nesse caso, é possível observar que as maiores médias de representação feminina no Parlamento são dos países da União Europeia, com 22,3%. O Brasil está situado no agrupamento América Latina e Caribe, que ficou com média de 20,2%, a mesma porcentagem encontrada nos países da Europa e da Ásia Central. As menores médias são vistas no Oriente Médio e na África do Norte (8,9%).

A pesquisa também disponibiliza informações sobre quais países têm cota para mulheres ou cláusula de gênero na Constituição. Segundo os dados da pesquisa, 121 países, dos 138 analisados, inclusive o Brasil, contam com um desses mecanismos que podem auxiliar na ampliação da representação feminina no Parlamento.

Síntese

Neste capítulo, analisamos os principais efeitos dos sistemas eleitorais sobre a representação política. Destacamos que a quantidade de partidos no Legislativo é influenciada pelo sistema eleitoral, na medida em que o sistema de maioria simples tende ao bipartidarismo,

Fabrícia Almeida Vieira

ao passo que o proporcional, ao multipartidarismo. Desse modo, o sistema proporcional tende a ter maior fragmentação partidária na Câmara dos Deputados, enquanto o sistema majoritário tende a ter menos fragmentação.

Além disso, mostramos que a principal consequência da elevada fragmentação partidária no Legislativo é a dificuldade do monitoramento eleitoral. O elevado número de partidos com representação dificulta o acompanhamento do eleitorado em relação às ações dos representantes e partidos políticos. Assim, os eleitores tendem a ficar com dúvidas sobre quem é encarregado pela implementação de determinada política pública e quem é o representante do distrito eleitoral em que residem. Logo, isso dificulta que o eleitorado puna ou premie, por meio do voto, os representantes ou as organizações partidárias.

Observamos também que o sistema proporcional tende a ser mais proporcional quanto aos votos e às cadeiras. Por outro lado, o sistema majoritário normalmente apresenta maior desproporcionalidade nessa relação. Nesse caso, a implicação básica da desproporcionalidade é sobre o sistema partidário, tendo em vista que ela pode beneficiar alguns partidos e prejudicar outros no quesito da representação política.

Destacamos ainda que a maior ou menor representação feminina no Legislativo depende de fatores como a cultura e a religião do país, a utilização de cotas para a candidatura de mulheres e, especialmente, o sistema eleitoral. Com relação aos sistemas eleitorais, podemos afirmar que, em comparação com os sistemas majoritários, os proporcionais tendem a dar mais oportunidades para a representação das mulheres ou de grupos minoritários.

Exercício resolvido

Quais são os principais efeitos dos sistemas eleitorais?

O sistema majoritário tende a ter um Legislativo com menor fragmentação partidária e, consequentemente, eleitores mais próximos de seus representantes. Esse fato é positivo, tendo em vista que o eleitor pode ter maior informações e controle sobre as atividades do representante, o que facilita o monitoramento eleitoral. Por outro lado, esse sistema tende a ser mais desproporcional na relação entre votos e cadeiras, com partidos mais beneficiados pela menor fragmentação e outros mais prejudicados quanto à conquista da representação. Assim, o sistema majoritário pode oferecer mais obstáculos para a representação de grupos minoritários, mais especificamente para a representação das mulheres no Parlamento.

No sistema proporcional ocorre o inverso. Ele tende a ter um Legislativo mais fragmentado, promovendo mais distanciamento entre eleitores e representantes, o que resulta na dificuldade do monitoramento eleitoral. Essa fórmula gera maior proporcionalidade na relação entre votos e cadeiras, atenuando um pouco as consequências desse efeito. A representação de grupos minoritários é mais estimulada no sistema proporcional, porque ele favorece o multipartidarismo, e a representação pode ser conquistada por pequenos partidos, inclusive por aqueles que defendem grupos minoritários.

Fabrícia Almeida Vieira

Questões para revisão

1. Explique como os sistemas eleitorais influenciam o sistema partidário, em especial o número de partidos. Para aprofundar a explicação, estabeleça uma comparação entre o sistema eleitoral para a eleição a cargos do Legislativo no Brasil e nos Estados Unidos.

2. Explique quais são os efeitos dos sistemas eleitorais sobre a representação das mulheres.

3. A respeito dos efeitos relacionados aos sistemas eleitorais, assinale a afirmação **incorreta**:

   a) O Brasil, com o sistema proporcional de lista para as eleições do Legislativo, tem maior fragmentação partidária na Câmara em comparação com os Estados Unidos, país com sistema majoritário de maioria simples.

   b) A desproporcionalidade pode afetar o desempenho das organizações partidárias, beneficiando alguns partidos políticos e prejudicando outros.

   c) Os principais efeitos dos sistemas eleitorais são: maior ou menor fragmentação partidária, proporcionalidade ou desproporcionalidade entre votos e cadeiras e mais ou menos estímulos para a representação das mulheres no Parlamento.

   d) A ingovernabilidade é a principal consequência da fragmentação partidária, já que o elevado número de partidos com representação é um obstáculo para o bom andamento do processo decisório, podendo gerar imobilismo decisório.

4. Marque V para as afirmações verdadeiras e F para as falsas e, em seguida, selecione a alternativa que apresenta a sequência correta:

( ) A alta representação feminina nos Legislativos depende, em grande medida, da cultura do país, da religião predominante, dos incentivos financeiros e do sistema eleitoral.

( ) Os sistemas majoritário de maioria simples e proporcional favorecem um sistema multipartidário, enquanto o sistema majoritário de dois turnos incentiva o bipartidarismo.

( ) A equidade entre os votos válidos e a representação dos partidos no Legislativo é uma das preocupações centrais nos debates sobre sistemas eleitorais, pois maior proporcionalidade assegura maior igualdade política.

( ) A principal consequência da alta fragmentação partidária é o distanciamento entre os eleitores e seus representantes. Um número elevado de partidos políticos com representação na Câmara dos Deputados dificulta o monitoramento das ações dos representantes e, até mesmo, a identificação do representante do distrito eleitoral em que o eleitor reside.

a) V, F, F, V.

b) V, F, V, V.

c) F, F, V, V.

d) V, V, F, F.

5. Assinale a alternativa **incorreta**:

a) A maior ou menor proporcionalidade entre os votos dos eleitores e a alocação das cadeiras no Legislativo são influenciadas por alguns fatores, como a fórmula eleitoral

Fabrícia Almeida Vieira

adotada, a magnitude dos distritos eleitorais e o uso ou não de cláusulas de barreiras.

b) O sistema proporcional de lista é elogiado por se aproximar mais de resultados proporcionais entre os votos válidos e a distribuição das cadeiras.

c) Nos sistemas majoritários, há mais chances de ocorrerem disputas eleitorais bipartidárias, com o fortalecimento dos dois maiores partidos.

d) Nos sistemas majoritários, os pequenos partidos têm mais chances de conquistar representação política, ao passo que os sistemas proporcionais oferecem maiores barreiras para a representação de pequenos partidos.

Questões para reflexão

1. O sistema proporcional dá mais oportunidades para que os pequenos partidos conquistem representação no Legislativo. Por outro lado, o sistema majoritário oferece mais obstáculos para que isso se concretize. Considerando essas afirmações e com base no conteúdo abordado até o momento, responda às seguintes questões:

   a) Qual mecanismo do sistema proporcional é usado para barrar o acesso dos pequenos partidos à Câmara dos Deputados? Como ele funciona?

   b) Quais são os impactos desse mecanismo na fragmentação partidária?

2. Nicolau (2012) afirma que os sistemas proporcionais oferecem mais oportunidades para a representação feminina no Legislativo e que nos sistemas majoritários existem mais obstáculos para isso. O Brasil adota um sistema proporcional

de lista aberta que, teoricamente, confere mais chances para a representação desse setor da sociedade na Câmara dos Deputados. No entanto, no *ranking* mundial da presença das mulheres (Machado, 2018) nesse âmbito do poder, o Brasil aparece entre os últimos, com um percentual muito baixo com relação à representação feminina.

Com base nessas informações, pesquise e responda:

a) Quantas mulheres têm representação na Câmara dos Deputados atualmente?
b) Quais são os partidos aos quais elas estão vinculadas?
c) O estado em que você reside elegeu alguma deputada? Quantas? Se sim, quais são as principais pautas que ela(s) defende(m) na Câmara?
d) Quais são as principais barreiras no âmbito nacional para a ampliação da representação feminina no Legislativo?

Para saber mais

CAREY, J. M.; SHUGART, M. S. Incentives to Cultivate a Personal Vote: a Rank Ordering of Electoral Formulas. **Electoral Studies**, v. 14, n. 4, p. 417-439, 1995.

Para saber mais sobre a influência do sistema eleitoral no comportamento de eleitores e atores políticos, vale a pena ler a pesquisa de John Carey e Matthew Shugart, que mostra tipologias de caráter dedutivo.

Fabrícia Almeida Vieira

CAVALCANTE, P.; TURGEON, M. **Desproporcionalidade da representação na Câmara dos Deputados**: análise dos efeitos sobre o sistema partidário no Brasil. Texto para Discussão n. 2128. Rio de Janeiro: Ipea, 2015. Disponível em: <http://www.ipea.gov.br/portal/images/stories/PDFs/TDs/td_2128.pdf>. Acesso em: 2 mar. 2018.

O artigo de Pedro Cavalcante e Mathieu Turgeon trata do efeito da desproporcionalidade da representação no Legislativo, com maior enfoque no Brasil.

OLIVEIRA, R. A. de. Os condicionantes da sub-representação feminina na América Latina. In: ENCONTRO DA ASSOCIAÇÃO BRASILEIRA DE CIÊNCIA POLÍTICA (ABCP), 10., 2016, Belo Horizonte. **Anais**... Belo Horizonte: UFMG, 2016. Disponível em: <https://cienciapolitica.org.br/system/files/documentos/eventos/2017/04/condicionantes-sub-representacao-feminina-america-latina-943.pdf>. Acesso em: 2 mar. 2018.

O artigo da pesquisadora Renata Andrade de Oliveira trata de alguns condicionantes da sub-representação feminina na América Latina, buscando determinar os componentes da desigualdade de gênero na política nessa parte do continente.

REBELLO, M. M. A fragmentação partidária no Brasil: visões e tendências. In: ENCONTRO ANUAL DA ASSOCIAÇÃO NACIONAL DE PÓS-GRADUAÇÃO E PESQUISA EM CIÊNCIAS SOCIAIS (ANPOCS), 36., 2012, São Paulo. **Anais**... São Paulo, Anpocs, 2012. Disponível em: <https://anpocs.com/index.php/encontros/papers/36-encontro-anual-da-anpocs/gt-2/gt10-2/7955-a-fragmentacao-partidaria-no-brasil-visoes-e-tendencias/file>. Acesso em: 2 mar. 2018.

REBELLO, M. M. **Partidos e governos nas sombras**: clareza de responsabilidade, responsabilização eleitoral e sistema partidário no Brasil. 204 f. Tese (Doutorado em Ciência Política) – Universidade Federal do Rio Grande do Sul, Porto Alegre, 2013. Disponível em: <http://www.lume.ufrgs.br/bitstream/handle/10183/90166/000911620.pdf?sequence=1>. Acesso em: 2 mar. 2018.

Para ter uma percepção empírica sobre a fragmentação partidária no Brasil, vale a pena fazer a leitura do artigo de Maurício Michel Rebello. A leitura da tese de doutorado deste mesmo autor também é indicada em razão de esse trabalho aprofundar o debate teórico sobre o número de partidos na questão da governabilidade e representatividade e sobre a fragmentação partidária e os índices que a mensuram (NEP, NEPP e NEPE).

Fabrícia Almeida Vieira

Capítulo 5
Sistema eleitoral brasileiro

Conteúdos do capítulo:

- Características do sistema eleitoral brasileiro.
- Lista aberta.
- Peculiaridades do sistema eleitoral.

Após o estudo deste capítulo, você será capaz de:

1. analisar o sistema eleitoral brasileiro e sua interface com a realidade social;
2. dominar os conceitos e métodos básicos relacionados ao sistema eleitoral do Brasil.

Neste capítulo, enfocaremos as principais características e peculiaridades do sistema eleitoral brasileiro, pois, em virtude de sua complexidade, ele provoca muitas dúvidas, tais como: Quais são as diferenças entre as eleições para o majoritário e para o Legislativo? Como são distribuídas as cadeiras entre os partidos e os candidatos? O que é quociente eleitoral e quociente partidário? Como funcionam as coligações? Quais são os efeitos, positivos e negativos, do sistema de representação proporcional de lista aberta no Brasil? O que são puxadores de voto? Após a leitura deste capítulo, você será capaz de responder a essas perguntas.

(5.1)
ELEIÇÕES PARA O EXECUTIVO E PARA O LEGISLATIVO: O QUE MUDA?

O Brasil tem dois sistemas eleitorais: o majoritário, para eleger representantes para os cargos do Executivo (presidente, governadores e prefeitos) e também para o Senado; e o proporcional de lista aberta, para eleger os representantes para os cargos do Legislativo (deputados federais, deputados estaduais e vereadores). Então, podemos dizer que o sistema eleitoral do Brasil é misto? Não! Lembre-se de que o sistema misto é aquele que combina esses dois sistemas em eleições para o mesmo cargo. O Brasil utiliza os dois sistemas eleitorais para cargos diferentes.

O sistema majoritário de maioria simples é aplicado nas eleições para o Senado, em que são eleitos três senadores por estado[1],

---

1   *A renovação do Senado Federal acontece parcialmente a cada quatro anos. Em uma eleição, ocorre a renovação de uma cadeira, ou seja, uma vaga estará em disputa. Na eleição seguinte, duas cadeiras serão renovadas, isto é, haverá duas vagas em disputa, e assim por diante (Vieira, 2017).*

Fabrícia Almeida Vieira

totalizando 81 integrantes. Esse sistema também rege as eleições para prefeito de municípios com menos de 200 mil eleitores, ganhando o candidato mais votado independentemente do percentual, sem a necessidade de segundo turno. O sistema majoritário de dois turnos é empregado nas eleições para os cargos de presidente, governador e prefeito de municípios com mais de 200 mil eleitores.

A Constituição Federal (Brasil, 1988) estabelece que o segundo turno ocorre nas eleições para presidente e vice-presidente, governadores e vice-governadores, prefeitos e vice-prefeitos (neste último caso, o segundo turno ocorre apenas em municípios com mais de 200 mil eleitores). Nas eleições para os cargos de senadores, deputados federais, deputados estaduais, vereadores e prefeitos e vice-prefeitos em cidades com menos de 200 mil eleitores, a disputa é definida em uma única votação.

O sistema proporcional foi introduzido no Brasil em 1932, tendo sido utilizado nas eleições dos cargos do Legislativo (exceto para o cargo de senador). Nicolau (2006b) explica que, nessa primeira versão, havia um número grande de candidatos – o equivalente ao número de cadeiras mais um. O eleitor poderia votar em candidatos de diferentes partidos ou em um candidato não vinculado a nenhum partido. O Brasil adotou esse sistema antes mesmo de outros países, como Finlândia (em 1955) e Chile (em 1958).

O sistema eleitoral brasileiro apresenta algumas peculiaridades. A lista aberta no Brasil chama atenção em razão de sua longevidade, pois nenhum país utiliza esse tipo de lista há tanto tempo. Outra questão curiosa é que a magnitude do eleitorado brasileiro é muito extensa quando comparada à de outros países que empregam o mesmo modelo. Outro aspecto que torna o sistema proporcional de lista aberta peculiar no Brasil é a combinação da lista aberta com outros elementos: "grandes distritos eleitorais, possibilidade de realização de coligações eleitorais, eleições simultâneas para outros cargos (presidente e governadores de estado e senadores) e distorção acentuada na representação dos estados na Câmara dos Deputados" (Nicolau, 2006b, p. 690).

Nas eleições nacionais, os eleitores escolhem o presidente e o vice-presidente da república, o governador e o vice-governador do estado, senadores, deputados federais e deputados estaduais. Nas eleições municipais, o número de escolhas é menor, com foco nos prefeitos e vice-prefeitos e nos vereadores. A cada dois anos – em virtude da alternância entre as eleições nacionais e municipais –, somos chamados para exercer, por meio do voto, a escolha de nossos representantes.

A fim de esclarecermos melhor o sistema eleitoral brasileiro, buscaremos responder às mesmas perguntas mencionadas no Capítulo 2, com base em Nicolau (2012). Relembrando:

1. O país é dividido em quantos distritos e quantas cadeiras há em cada um deles?
2. Qual é a fórmula eleitoral utilizada?
3. Há cláusula de barreira?
4. Há coligação partidária nas eleições?
5. Qual é o tipo de lista adotado?

Vejamos, nas seções a seguir, como podemos responder a essas questões de acordo com as regras adotadas no Brasil.

(5.2)
A SELEÇÃO DE CANDIDATOS

O art. 10 da Lei n. 9.504, de 30 setembro de 1997 (Brasil, 1997), assegura que cada partido ou coligação pode registrar, no total, até 150% do número de lugares a serem preenchidos para a Câmara dos

Deputados, Assembleias e Câmaras Municipais[2]. Nicolau (2006b) menciona que, como o quociente partidário é determinado pelo somatório dos votos de cada candidato pertencente à mesma lista, certamente partidos grandes lançarão a maior quantidade possível de concorrentes, com o objetivo de conquistar mais cadeiras. A lógica é outra para os pequenos partidos. Eles lançam um número menor de candidatos, para concentrar os recursos financeiros em poucos nomes.

Com o intuito de promover maior integração das mulheres na política, em 1995 a Lei n. 9.100, de 29 de setembro de 1995, foi aprovada, instituindo uma cota mínima de 20% para candidaturas de mulheres, válida para as eleições municipais de 1996 (Brasil, 1995b). No ano seguinte, essa lei foi ampliada para os demais cargos eleitos por meio do sistema proporcional e sofreu algumas modificações. A cota mínima passou a ser de 30% e, no máximo, de 70% para qualquer um dos sexos, deixando de existir uma cota mínima exclusiva para mulheres.

Quantitativamente, o uso da política de cotas no Brasil tem se mostrado eficaz. Nas eleições de 1998, por exemplo, houve, pela primeira vez na história da redemocratização, uma candidata à Presidência da República – Thereza Ruiz (PTN). No ano de 2000, houve 70.321 mulheres concorrendo às Câmaras de Vereadores e 1.139 às Prefeituras Municipais. Como resultado, 6.992 foram eleitas como vereadoras e 318 como prefeitas. Nas eleições de 2014, 2.057 mulheres foram candidatas ao cargo de deputada federal (30,45%), 4.880 concorreram ao cargo de deputada estadual (30,4%), 35 ao Senado (13%), 17 aos governos estaduais (10%) e três mulheres,

---

2   *Com exceção das unidades federativas que tiverem direito a até 12 cadeiras na Câmara dos Deputados e nos municípios com até 100 mil eleitores. Nesses casos, cada partido ou coligação poderá lançar candidatos no total de 200% do número de cadeiras a serem preenchidas (Brasil, 1997).*

entre 11 candidatos (27,27%), pleitearam a Presidência da República (Vieira; Eduardo, 2015a)[3].

Para se candidatar, é necessário cumprir alguns requisitos de elegibilidade, tais como: estar filiado[4] a um partido político por determinado tempo (atualmente, exige-se filiação por pelo menos seis meses antes das eleições); ter nacionalidade brasileira, além de domicílio eleitoral no município ou estado que deseja representar a, no mínimo, um ano; ser alfabetizado; e ter pelo menos 25 anos para ser candidato a deputado federal[5]. Além disso, o candidato não pode concorrer em duas listas ao mesmo tempo, nem mesmo para dois cargos diferentes simultaneamente.

Cada partido político estabelece suas regras para selecionar candidatos. Em comum, essa escolha precisa ser realizada por meio de convenções partidárias com datas estabelecidas e fixadas pela Justiça Eleitoral. Depois de estabelecida a lista de candidatos, os partidos precisam registrá-la na data definida pela Justiça Eleitoral. Os partidos brasileiros não fazem primárias ou prévias internas, isto é, pré-eleições para definir os nomes da lista. Tais nomes são selecionados conforme

---

3   Ao refletirem sobre o aumento qualitativo das candidaturas femininas, muitos estudiosos (Miguel, 2000; Araújo; Alves, 2007) ressaltam que há fragilidades com relação à política de cotas. Muitos fatores podem explicar tal fato: a falta de penalidades aos partidos que não cumprem as cotas; o próprio sistema de lista aberta; a cultura política brasileira; o aumento do universo de candidaturas para os partidos; o baixo (ou a ausência de) financiamento de campanha para as mulheres, entre outros. Para se aprofundar no estudo sobre política de cotas ou mulheres na política, leia o artigo "Transformando a diferença: as mulheres na política", de Míriam Pillar Grossi e Sônia Malheiros Miguel (2001), e o artigo "Impactos de indicadores sociais e do sistema eleitoral sobre as chances das mulheres nas eleições e suas interações com as cotas", de Clara Araújo e José Eustáquio Diniz Alves (2007).

4   Segundo a Constituição Federal, o prazo de filiação partidária é encerrado 65 dias antes da data das eleições.

5   A idade mínima varia de acordo com o cargo pretendido. Segundo o art. 14 da Constituição, para presidente, vice-presidente e senador, a idade mínima é de 35 anos; para governador e vice-governador, 30 anos; para deputado federal, deputado estadual, prefeito e vice-prefeito, 25 anos; e, para vereador, 18 anos.

Fabrícia Almeida Vieira

outros critérios: popularidade, longevidade no partido, critérios geográficos – a fim de selecionar candidatos de várias regiões do estado, para evitar superposição –, entre outros (Nicolau, 2006b).

As primárias ou prévias são empregadas nas eleições presidenciais dos Estados Unidos. Foram usadas pela primeira vez no ano de 1970, pelo Partido Democrata, e logo depois foram aceitas e utilizadas também pelo Partido Republicano. Elas têm o objetivo de fazer o processo eleitoral ser mais democrático e aberto, ampliando a participação cidadã. Esse mecanismo possibilita que o eleitor vote para escolher os candidatos que concorrerão no pleito eleitoral (anteriormente, esse processo era restrito à elite política das organizações partidárias).

> Criada em 1932, a Justiça Eleitoral é um órgão cuja missão básica é evitar fraudes no processo eleitoral. Responsável por administrar as eleições – desde o preparo até a realização e a apuração dos votos (atribuição administrativa) –, tem competência para processar e julgar conflitos provenientes das eleições, bem como a função normativa de enviar instruções sobre a efetivação das leis eleitorais. Os órgãos que compõem a Justiça Eleitoral são: o Tribunal Superior Eleitoral (TSE), os tribunais regionais eleitorais e as juntas eleitorais. O TSE é o órgão máximo com competências exclusivamente eleitorais, e seus membros possuem título de ministro. Os tribunais regionais eleitorais (TRE) existem nas capitais de cada unidade federativa, sendo compostos por juízes. As juntas eleitorais são responsáveis pela apuração e diplomação dos eleitos no âmbito municipal.

(5.3)
MAGNITUDE DO DISTRITO (M) E BAIXA PROPORCIONALIDADE

A Câmara dos Deputados do Brasil é composta por 513 membros, eleitos para mandatos de quatro anos por meio do sistema de representação proporcional de lista aberta. A cada nova eleição, a renovação das cadeiras é total (Vieira, 2017). Os distritos eleitorais do país coincidem com as divisões territoriais, ou seja, correspondem ao país, nas eleições para presidente; aos estados (ou unidades federativas), nas eleições para senador, governador, deputado federal e estadual; e aos municípios, nos pleitos eleitorais para prefeito e vereador.

O Brasil tem 27 distritos, incluindo a capital federal, que, apesar de não ser um estado, é considerada uma unidade federativa. A representação é definida de forma proporcional à população de cada estado (baseada nos censos realizados pelo Instituto Brasileiro de Geografia e Estatística – IBGE). A Constituição brasileira estabelece um mínimo de 8 e um máximo de 70 deputados para cada unidade federativa (Brasil, 1988).

A Figura 5.1 apresenta o número de deputados federais por unidade federativa em 2014.

Figura 5.1 – Número de deputados federais por unidade federativa (2014)

Fonte: Adaptado de Blume, 2016.

Fabrícia Almeida Vieira

Observe que, em 2014, São Paulo era o estado com o maior número de representantes (70) – cada deputado federal representava aproximadamente 570 mil habitantes. Já em Roraima (com 8 representantes), o estado brasileiro menos populoso, cada um dos deputados representava cerca de 50 mil habitantes. Essa regra de alocação de cadeiras causa a baixa proporcionalidade entre o eleitorado de determinado distrito e o número de representantes nele eleitos.

Cavalcante e Turgeon (2015, p. 17) ressaltam que o Brasil é um dos países mais desproporcionais da América Latina:

> Muito se deve à imposição legal de mínimo e máximo de vagas na Câmara dos Deputados para os distritos eleitorais, os quais correspondem aos estados da Federação. A despeito do fato de a Constituição Federal determinar que a representação dos estados e do Distrito Federal na Câmara seja proporcional à sua população, em seu Artigo 45, estabelece um piso de oito deputados e um teto de setenta, o que mina, na prática, a lógica da proporcionalidade.

Nicolau (1997) afirma que isso pode ser explicado por três fatores. O primeiro vai ao encontro do argumento de Cavalcante e Turgeon (2015) e se refere ao estabelecimento de uma quantidade mínima de deputados por unidade federativa, independentemente do número de habitantes. Isso implica a sobrerrepresentação em estados que, mediante métodos completamente proporcionais, deveriam ter menos representantes do que o número mínimo exigido pela Constituição de 1988.

O segundo fator explicativo segue a mesma lógica. Com a definição da quantidade máxima de representantes, os estados mais populosos são sub-representados. O terceiro fator está relacionado à revisão não periódica do número de habitantes dos estados. A revisão periódica de população por estado é importante em razão das possibilidades de migração interestadual e crescimento populacional. Nesse contexto, este último fator produz distorções, "como o fato de o Pará, com uma população superior à do Maranhão, ter um deputado a menos, e de Santa Catarina, com uma população superior à de Goiás, também ter menos um representante na Câmara" (Nicolau, 1997).

O Gráfico 5.1, desenvolvido por Cavalcante e Turgeon (2015), mostra o número de cadeiras efetivas e a quantidade de cadeiras desproporcionais na Câmara dos Deputados no ano de 2010.

Gráfico 5.1 – Diferença entre o número de cadeiras efetivas e de cadeiras desproporcionais na Câmara dos Deputados (2010)

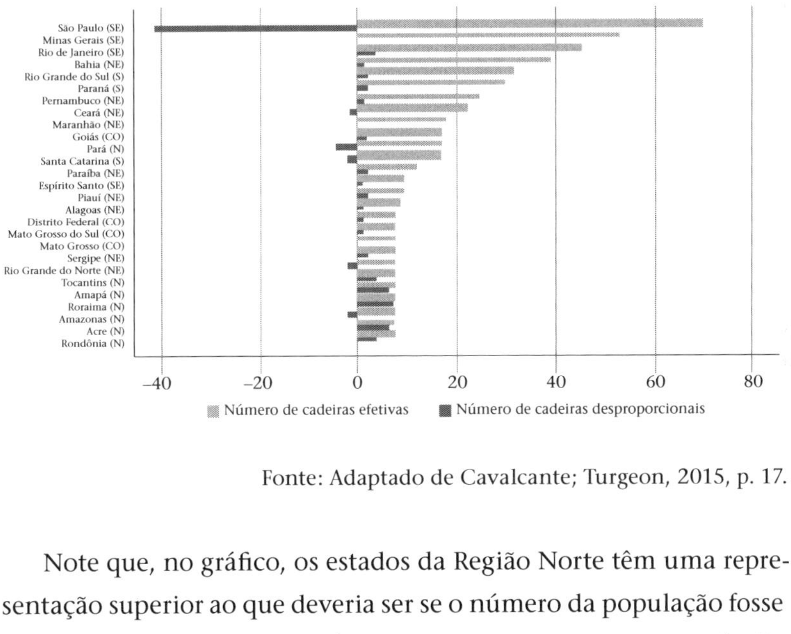

Fonte: Adaptado de Cavalcante; Turgeon, 2015, p. 17.

Note que, no gráfico, os estados da Região Norte têm uma representação superior ao que deveria ser se o número da população fosse levado em consideração. Pará e Amazonas são as exceções, pois são os estados mais populosos da região. São Paulo, como mencionado anteriormente, é mais prejudicado com o estabelecimento de um número máximo de deputados. Em uma situação hipotética de proporcionalidade, esse estado deveria ter mais 41 cadeiras na Câmara.

Perceba, também, que Roraima é mais beneficiado com a determinação da quantidade mínima de deputados, pois tem oito representantes. No entanto, seguindo-se a lógica da proporcionalidade do número de habitantes, esse estado deveria ter apenas um deputado federal (pois é o menos populoso do Brasil).

(5.4)
Fórmula eleitoral

Você já deve ter escutado alguma destas frases: "Esse candidato nem foi o mais votado e ganhou? Só pode ser fraude na urna eletrônica!"; "O candidato A foi um dos mais votados e perdeu? Burlaram o sistema!" Essas e outras queixas são muito comuns entre o eleitorado que desconhece o sistema eleitoral que vigora no Brasil.

Desde 1945 até a atualidade, a cédula eleitoral brasileira[6] nunca ofereceu uma lista completa com o nome dos concorrentes. O processo

---

6   *A cédula eleitoral brasileira passou por três estágios: cédula impressa, cédula oficial e urna eletrônica. As cédulas impressas (1945-1958) eram confeccionadas pelos próprios partidos políticos e distribuídas pelos cabos eleitorais no dia da eleição. Já a cédula oficial começou a ser utilizada em 1962 e era impressa pela Justiça Eleitoral – o eleitor precisava escrever o nome ou número do candidato ou ainda a sigla do partido ou da coligação. Por sua vez, a urna eletrônica começou a ser utilizada em 1996 em 57 municípios e em cidades com mais de 200 mil eleitores (correspondendo a 32% do eleitorado). Dois anos depois, seu uso foi expandido para 537 municípios (58% dos eleitores). A partir das eleições municipais de 2000, todos os eleitores já votavam na urna eletrônica (Nicolau, 2006b). No Brasil, é usada a urna eletrônica, mas há também outras formas de voto eletrônico, empregadas em outros países, como Bélgica, Alemanha, Holanda, França, Irlanda e Índia, bem como em alguns distritos dos Estados Unidos. Para saber como funciona o voto eletrônico em cada país, leia o texto "A evolução do voto eletrônico no sistema eleitoral brasileiro", de Simone Cristina Dufloth e Diego Roger Ramos Freitas (2013).*

adotado sempre consistiu em escrever – atualmente, digitar – o nome ou número do candidato ou a sigla do partido ou da coligação.

Tal fato, associado à escolha de outros cargos pelo sistema majoritário na mesma eleição, acabou contribuindo para reforçar nos eleitores a falsa impressão de que as eleições para a Câmara dos Deputados são feitas segundo uma regra majoritária em que todos os candidatos concorrem entre si. (Nicolau, 2006b, p. 692)

Esse fato produz muitas dúvidas sobre como funciona o processo de distribuição das cadeiras. A alocação das cadeiras no Brasil é realizada pela combinação da cota de Hare (quociente eleitoral) com o sistema de divisores para as cadeiras atribuídas nas sobras.

Para que você entenda melhor como esse procedimento ocorre no Brasil, vamos considerar, como exemplo, que, em uma disputa hipotética, há seis partidos e dez cadeiras disponíveis. A primeira etapa é calcular o quociente eleitoral (QE) por meio da cota de Hare (como mostramos no Capítulo 2). Lembra como se faz isso? Basta dividir o número de votos válidos[7] pelo número de cadeiras a serem ocupadas (150.000/10 = 15.000).

Após esse procedimento, calcula-se o quociente partidário (QP), fazendo a divisão do número de votos válidos do partido ou da coligação pelo quociente eleitoral. Por exemplo, conforme pode ser visto na Tabela 5.1, o Partido A obteve 50.500 votos. Ao se dividir esse valor pelo QE, que é 15.000, esse partido fica com um QP de 3,367. Depois disso, basta excluir os partidos que não atingiram o quociente eleitoral – nesse caso, os partidos E e F.

---

7   *Os votos válidos são considerados os votos de legenda – atribuídos ao partido político (quando o eleitor digita na urna eletrônica apenas o número do partido) – e os votos nominais – conferidos aos candidatos (quando o eleitor digita na urna o número do candidato). Votos brancos e nulos são excluídos do cálculo.*

Fabrícia Almeida Vieira

Você pode estar confuso, pensando: "Qual é a diferença entre o quociente eleitoral e o quociente partidário?" O quociente eleitoral tem a função de indicar qual é o número de votos que o partido precisa atingir para ter direito a, pelo menos, uma cadeira. Já o propósito do quociente partidário é identificar a quantas cadeiras o partido terá direito.

A distribuição das cadeiras entre os candidatos dos partidos eleitos é simples: os nomes mais votados conquistam uma vaga, de acordo com o número de cadeiras obtidas pelo partido ou pela coligação.

Cada uma dessas etapas está representada na Tabela 5.1.

Tabela 5.1 – Exemplo de distribuição de cadeiras para o Legislativo no Brasil

Partido	Votos válidos	QE	QP	Cota	Cadeiras obtidas pelo QP + 1	Votos/ Resultado do QP + 1	Sobras	Total de cadeiras obtidas
PA	50.500	15.000	3,367	3*	3 + 1 = 4	12.625 (2º)	1**	4
PB	33.000	15.000	2,2	2*	2 + 1 = 3	11.000 (3º)	1**	3
PC	28.500	15.000	1,9	1*	1 + 1 = 2	14.250 (1º)	1**	2
PD, PW, PK	21.000	15.000	1,4	1*	1 + 1 = 2	10.500	–	1
PE	10.000	15.000	Excluído	–	–	–	–	–
PF	7.000	15.000	Excluído	–	–	–	–	–
Total	150.000	–	–	7	–	–	3	10

* Cadeiras obtidas pela cota de Hare. ** Cadeiras obtidas pelas sobras.

Após esses primeiros cálculos, as cadeiras são distribuídas entre os partidos que alcançaram e/ou ultrapassaram o quociente eleitoral. Na coluna "Cota", é possível perceber que, das dez cadeiras, sete foram ocupadas. Assim, as três cadeiras restantes serão alocadas por meio do método de divisores. Para isso, adiciona-se 1 ao número de cadeiras obtidas pelo quociente partidário e divide-se o número de votos do partido pelo resultado da somatória. Por exemplo, o Partido A fez 50.500 votos, que, divididos por 3 + 1, resultam 12.625. Se for necessário, ocorrerá a segunda rodada, em que se adiciona 2 ao número de cadeiras conquistadas pelo QP, e assim por diante, até preencher todas as cadeiras.

Não se engane, pois o método de divisores do Brasil é diferente da fórmula de D'Hondt (abordada no Capítulo 2). A fórmula de D'Hondt divide os votos válidos de cada partido por números contínuos (1, 2, 3 etc.). Os resultados dessa divisão são médias, e as cadeiras são distribuídas em ordem decrescente até completar a quantidade de cadeiras disponíveis. O método de divisores empregado no Brasil faz um somatório entre as cadeiras obtidas pelo quociente partidário e o número 1 na primeira rodada, o número 2 em uma segunda rodada, e assim por diante. No entanto, após essa etapa, é feita a divisão entre os votos válidos e o resultado do somatório, e as cadeiras são distribuídas conforme as maiores médias.

No exemplo ilustrado pela Tabela 5.1, os partidos A, B e C receberam, cada um, uma cadeira por meio da distribuição por sobras. O partido A, o mais votado, foi o que conquistou o maior número de cadeiras (4), seguido dos partidos B (3) e C (2) e, por fim, da coligação formada pelos partidos D, W e K (1).

E quais candidatos da lista ocuparão as cadeiras conquistadas pelos partidos? As cadeiras são concedidas para os candidatos mais votados de cada lista partidária – tanto as obtidas pelo partido como pela

Fabrícia Almeida Vieira

coligação. Os votos atribuídos às coligações são contabilizados como uma única lista, em que os mais votados de cada coligação são eleitos.

O eleitor brasileiro tem duas opções de voto: pode votar no nome de um dos concorrentes ou em um partido ou coligação (legenda). É importante frisar que o voto de legenda interfere apenas na distribuição das cadeiras entre os partidos, ou seja, não tem impacto sobre a alocação das cadeiras entre os candidatos. Em outras palavras, o voto de legenda está relacionado ao quociente eleitoral e quociente partidário e, consequentemente, ao modo como as cadeiras são designadas entre os partidos, mas não modifica a ordem dos candidatos mais votados na lista partidária.

Podemos afirmar que o sistema brasileiro é relativamente complexo, por isso, gera muitas dúvidas e debates. Esse método é positivo pelo fato de permitir que vários segmentos sociais sejam representados na Câmara. No entanto, ele incentiva a disputa intrapartidária e possibilita que os candidatos com mais recursos econômicos sejam privilegiados.

(5.5)
CLÁUSULA DE BARREIRA

A implementação da cláusula de barreira no Brasil faz parte das discussões políticas desde 1950. As propostas para a efetivação desse mecanismo foram inspiradas no modelo alemão, que estabelece o mínimo de 5% dos votos no âmbito nacional para a conquista de cadeiras pelos partidos. Entretanto, existe uma grande dificuldade em implantar esse mecanismo no Brasil. Essa regra sempre fica prevista para ser implementada em eleições futuras, mas sua ativação acaba nunca ocorrendo, pois, como os interesses das organizações partidárias são, em geral, díspares, o conteúdo do projeto sobre a cláusula de barreira é constantemente revisto, com várias propostas de alterações.

A primeira vez que a cláusula de barreira fez parte da agenda política foi em 1950, em que se previa o cancelamento do registro de partidos que não tivessem nenhum candidato eleito ou que não conseguissem atingir, pelo menos, 50 mil votos (Viana, 2008). Na Constituição de 1967, foi estabelecido que, para a continuidade da existência de um partido político, seria necessário que ele conquistasse o voto de 10% do eleitorado na eleição anterior. Após esse período, ocorreram várias outras modificações. Contudo, na Constituição de 1988, não foi incluída nenhuma exigência para a representação dos partidos políticos nas casas legislativas. Os constituintes, aliás, posicionaram-se contra a inserção da cláusula de barreira na Constituição.

Em 1993, esse tema voltou a compor o debate na Câmara. O Deputado Nelson Jobim apresentou um parecer – o qual não chegou a ser votado – que assegurava o direito à representação política somente para os partidos que atingissem pelo menos 2% de votos em todos os estados e 5% dos votos válidos em no mínimo nove estados. Em 1995, com a modificação da Lei dos Partidos Políticos[8] (Brasil, 1995a), as regras foram amenizadas. Para ser eleito, o partido precisaria atingir 5% dos votos válidos em no mínimo um terço dos estados. Os parlamentares definiram um prazo de 11 anos para que a cláusula de barreira passasse a ser válida – o que a faria entrar em vigor nas eleições de 2006.

Enquanto não surge nenhuma definição quanto à implementação da cláusula de barreira no Brasil, o quociente eleitoral cumpre essa

---

8   *A Lei dos Partidos Políticos foi estabelecida pela Lei n. 9.096, de 19 de setembro de 1995, e dita regras para a criação, a organização e o funcionamento dos partidos políticos, além de dispor sobre conteúdo do programa e estatuto, filiação, disciplina e fundo partidário e o acesso gratuito aos meios de comunicação – televisão e rádio.*

Fabrícia Almeida Vieira

função. A Tabela 5.1 (exemplo) mostra que os dois partidos (E e F) que não atingiram o quociente eleitoral foram excluídos do processo de distribuição de cadeiras.

É importante frisar que a cláusula se aplica também às coligações, fato que reduz a força do quociente eleitoral como uma barreira. Um dos argumentos favoráveis à inclusão da cláusula de barreira no Brasil vai ao encontro dessa afirmação, já que o país tem um número elevado de partidos representados na Câmara dos Deputados – elevada fragmentação partidária. Na atual legislatura (2015-2019), há 26 partidos diferentes compondo a representação na Câmara, de um total de 32 partidos registrados no TSE. Nesse contexto, Tavares (2003) considera importante a implementação da cláusula de barreira, pois ela distanciaria os partidos pequenos e eleitoralmente insignificantes do sistema representativo, diminuindo as chances da fragmentação partidária na Câmara dos Deputados. Consequentemente, o eleitor teria mais facilidade em reconhecer seus representantes e responsáveis por seus distritos eleitorais (Viana, 2008; Rebello, 2012).

Por outro lado, alguns estudiosos não concordam com a adoção de uma cláusula de barreira no Brasil. Dependendo da configuração dessa cláusula, ela poderia excluir partidos que buscam defender causas de grupos minoritários (Viana, 2008; Nicolau, 2012). Do mesmo modo, poderia eliminar organizações partidárias históricas e ideológicas, como argumenta Carvalho (2003).

(5.6)
Coligações partidárias

Por *coligação partidária* podemos entender a união de dois ou mais partidos em uma eleição. José Gomes (2012, p. 234) afirma que uma coligação é um "consórcio de partidos políticos formados com o propósito de atuação conjunta e cooperativa na disputa eleitoral". O emprego das coligações nas eleições brasileiras, como explicam Miguel e Machado (2007), esteve presente no período democrático de 1945 a 1964, sendo retomado na redemocratização em 1985.

Em uma coligação, os partidos apresentam uma lista única de candidatos, de modo que os nomes mais votados, independentemente do partido, são eleitos. A Justiça Eleitoral considera a coligação como se fosse um partido e, após sua formação, nenhum dos partidos pode agir isoladamente. No Brasil, as coligações são adotadas nas eleições majoritárias e/ou proporcionais. Cada coligação tem um nome, o qual não pode ser igual ao de nenhuma outra ou lembrar o nome ou o número de algum dos candidatos. Além disso, esse nome também não pode remeter a determinado partido político ou solicitar voto para um partido específico. O número de candidatos que as coligações podem lançar varia de acordo com o município.

A justificativa para que esse mecanismo continue envolve cinco aspectos, de acordo com Nicolau (1996): magnitude do distrito; tamanho do partido; tempo de propaganda eleitoral; quantidade de concorrentes por coligação nas eleições proporcionais; heterogeneidade de forças dos partidos no âmbito estadual.

No entendimento de Carreirão (2006), o objetivo principal dos partidos políticos que participam de coligações é aumentar suas chances eleitorais. Esse mecanismo é interessante para os pequenos partidos, já que por meio das coligações se torna mais fácil ultrapassar o quociente eleitoral (que funciona como uma cláusula de barreira) e obter representação. Para os grandes partidos, o interesse é outro. Com as coligações, eles buscam superar a questão do federalismo, em que um partido pode ser mais forte em uma unidade federativa e mais fraco em outra (Fleischer, 2006). Então, em uma coligação,

Fabrícia Almeida Vieira

as distintas organizações partidárias têm mais alcance para mobilizar eleitores de diferentes distritos eleitorais.

Como aspecto negativo, Coneglian (2002) argumenta que as coligações unem partidos com interesses diversos e, por vezes, divergentes, com a intenção de ter mais chances de ganhar uma eleição. Isso vai contra a compreensão de que um partido político consiste na união de pessoas com os mesmos interesses e objetivos. Segundo esse autor, alianças formadas a partir de cálculos de custos e benefícios podem acarretar conflitos após o período eleitoral.

As coligações geram algumas dúvidas, pois no plano nacional muitos partidos podem ser aliados, ao passo que na esfera estadual eles podem ser adversários. Partidos que são antagonistas no âmbito nacional, por exemplo, são capazes de fazer alianças no contexto das eleições estaduais. O TSE, em 2002 e 2006, definiu que as coligações seriam verticalizadas. Com isso, as coligações nacionais deveriam ser espelhos das alianças estaduais. Porém, a decisão foi anulada para as eleições subsequentes (Dantas; Praça, 2012).

Vamos examinar essa questão analisando as eleições de 2014. Observe, na Figura 5.2, as coligações no âmbito nacional dos três principais presidenciáveis (dos 11 candidatos, apenas estes estavam na disputa com formação de coligação).

Figura 5.2 – Coligações dos três principais candidatos ao cargo de presidente (2014)

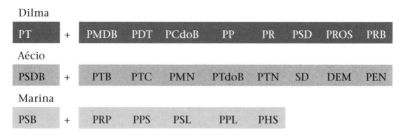

Fonte: Adaptado de G1, 2014.

Agora, na Figura 5.3, verifique a configuração dos partidos políticos nas coligações do Estado do Paraná[9] nas mesmas eleições.

Figura 5.3 – Coligações no Paraná nas eleições de 2014

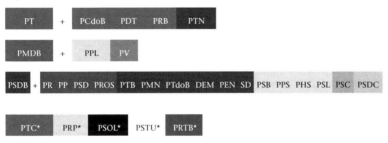

* Partidos sem coligação.

Fonte: Adaptado de G1, 2014.

Conseguiu perceber a diferença? Partidos aliados no âmbito nacional nem sempre permanecem aliados nas eleições estaduais. O PSDB-PR, por exemplo, coliga-se com partidos (PR, PP, PSD e PROS) que estavam coligados com a oposição (PT) nas eleições nacionais. Isso também acontece na composição das coligações de outros partidos políticos paranaenses[10].

Você pode estar se perguntando: "As coligações são permanentes?" A resposta é: não, são temporárias. Elas começam nas convenções partidárias, por meio da manifestação favorável de cada partido político,

---

9   Para visualizar a formação das coligações no pleito de 2014 em seu estado, consulte: <http://g1.globo.com/politica/eleicoes/2014/coligacoes-partidarias/infografico/>. Acesso em: 2 mar. 2018.

10 É importante frisar que não estamos fazendo referência a ideologias partidárias, mas coligações.

e acabam com a diplomação dos eleitos[11]. O fim da coligação também pode ocorrer caso algum dos partidos queira desfazer a união.

(5.7)
EFEITOS DO SISTEMA PROPORCIONAL DE LISTA ABERTA NO BRASIL

O sistema de lista aberta produz efeitos sobre os partidos políticos, bem como sobre os comportamentos dos candidatos e dos eleitores. Mas quais são os efeitos do sistema proporcional de lista aberta sobre os partidos políticos no Brasil? Carey e Shugart (1995) realizaram um estudo com o intuito de entender os efeitos dos sistemas eleitorais nas estratégias dos candidatos. Assim, eles elaboraram um modelo sistemático e universal com o objetivo de explicar quais sistemas eleitorais estimulam mais ou menos o comportamento individual dos candidatos ao Legislativo – ou seja, quais sistemas incentivam um comportamento personalista – e quais estimulam um comportamento partidarizado ou institucionalizado.

Os autores levaram em consideração quatro aspectos do sistema eleitoral e político: a cédula eleitoral (o grau de influência dos partidos políticos na formação da lista partidária), o tipo de voto (único, intrapartidário, múltiplo ou partidário), a magnitude (uninominal ou plurinominal) e a forma como os candidatos são eleitos (individualmente

---

11 A diplomação dos eleitos corresponde à atitude da Justiça Eleitoral em assegurar que o candidato foi realmente eleito pelo voto do povo e está apto a ocupar o cargo. Nesse momento, os eleitos recebem um diploma assinado pelas autoridades do TSE, do tribunal regional ou da junta eleitoral. Para saber mais sobre o tema, você pode acessar a página "Eleitor e eleições" do site do TSE, disponível em: <http://www.tse.jus.br/eleitor-e-eleicoes/processo-eleitoral-brasileiro/diplomacao-dos-eleitos/diplomacao-dos-candidatos-eleitos>. Acesso em: 2 mar. 2018.

ou com auxílio do voto de outros concorrentes da lista partidária) (Carey; Shugart, 1995).

A principal descoberta desses autores é que o sistema eleitoral de lista aberta incentiva campanhas centradas nos candidatos e estimula o comportamento personalista. Nesse sistema, os candidatos precisam conquistar votos de forma individual. Consequentemente, os concorrentes tendem a reforçar seus atributos pessoais a fim de se distinguirem dos demais. Com isso, os eleitores baseiam suas escolhas considerando o indivíduo, e não a organização partidária. Conforme Manin (1995a, p. 27), "as pessoas votam de modo diferente, de uma eleição para a outra, dependendo da personalidade dos candidatos". Mas não se engane: centralizar a campanha no representante é uma estratégia a que aderem os próprios partidos políticos, que tendem a atrair personalidades com alta popularidade, com a finalidade de conquistar mais votos e ter mais chances de representação na Câmara dos Deputados.

O comportamento personalista não atesta que os partidos não são importantes no sistema eleitoral de lista aberta ou que tais atores institucionais não conseguem conquistar seu espaço. Nas palavras de Nicolau (2006b, p. 700):

> *No Brasil, por exemplo, mesmo com um sistema altamente centrado no candidato, um partido (PT) conseguiu desenvolver mecanismos de reforço da reputação partidária [...]. A simples escolha de certas regras internas, tais como o incentivo de atividades partidárias entre as eleições, a profissionalização de um grande número de dirigentes, a punição para os deputados que não votam segundo a deliberação da bancada e a obrigatoriedade de contribuição mensal colaborou para que o PT conseguisse criar uma estrutura organizacional diferente da dos demais partidos brasileiros.*

Além disso, o sistema de lista aberta produz maior competição intrapartidária. Na lista fechada, a disputa ocorre entre os partidos políticos. No entanto, na lista aberta, além da disputa entre partidos, ela se dá também entre candidatos da mesma lista. Isso acontece por alguns motivos. Primeiramente, o número de candidatos é muito elevado, e são eleitos aqueles que conquistam maior número de votos. Concorrentes de uma mesma lista precisam angariar eleitores que pertencem ao mesmo distrito eleitoral, estimulando a disputa. Outro motivo da competição intrapartidária no Brasil é a baixa informação que os candidatos possuem sobre o potencial eleitoral do partido e dos demais concorrentes.

Quais são os efeitos do sistema de lista aberta sobre o comportamento dos eleitores? Segundo Nicolau (2006b), os eleitores brasileiros tendem a votar com base nas características pessoais dos candidatos, e os partidos políticos têm pouca importância nessa escolha. Na democracia de público (como discutido no Capítulo 1), a escolha eleitoral, em sua maioria, deixou de ser fidelizada aos partidos e passou a ser vinculada à imagem dos candidatos e representantes (Manin, 1995a).

Wilson Gomes (2004) argumenta que o campo da comunicação influenciou significativamente esse processo. O candidato que domina as técnicas dos meios de comunicação – que sabe falar bem em uma entrevista, por exemplo – tende a se sobressair. A cultura política passou a se concentrar no consumo de imagens políticas.

A empresa Ideia Big Data realizou uma pesquisa, entre 11 e 25 de julho de 2017, com 10.063 eleitores de um total de 37 distritos eleitorais, 26 capitais e 11 cidades. A pesquisa foi feita via telefone e apresenta margem de erro de 1,75%. Os entrevistados foram interrogados[12] sobre o que era mais importante para a escolha eleitoral: a pessoa ou o partido político. Cerca de 77% manifestaram que o candidato é mais importante do que o partido, 13% discordaram da afirmação de que o partido não importa para a definição do voto e 10% não se posicionaram (Casado, 2017).

Esse resultado apenas reforça que a lista aberta no Brasil favorece o personalismo e enfraquece a escolha eleitoral institucionalizada, o que vai ao encontro do estudo de Carey e Shugart (1995), segundo os quais esse tipo de lista estimula o comportamento altamente personalizado dos atores políticos.

Quais são os reflexos da adoção da fórmula eleitoral utilizada no Brasil? O método adotado no país gera algumas distorções, já que candidatos com muitos votos podem não ser eleitos, ao passo que candidatos com poucos votos podem conquistar uma vaga. Conforme já mencionamos, os nomes mais votados conquistam a representação, com base no número de cadeiras conquistadas pelo partido ou pela coligação. Vamos imaginar, então, que um partido tenha conquistado 20 cadeiras para a Câmara dos Deputados. Nesse caso, serão eleitos 20 nomes dessa lista, mesmo que o primeiro nome tenha conquistado 1 milhão de votos, e o vigésimo, somente 700 votos. O candidato eleito em último lugar é, assim, beneficiado pela votação do primeiro.

Esse é o efeito dos *puxadores de votos* (Carlomagno, 2016), expressão utilizada para designar os candidatos da lista que obtêm grande número de votos e contribuem, assim, para a eleição de outros nomes do mesmo partido ou coligação. Um exemplo empírico desse efeito

---

12 *Para conhecer mais detalhes sobre essa pesquisa, leia a matéria intitulada "Pesquisa mostra que eleitores rejeitam políticos investigados por corrupção", publicada por José Casado (2017).*

Fabrícia Almeida Vieira

ocorreu nas eleições de 2010, em que o candidato Tiririca, que concorria ao cargo de deputado federal por São Paulo, obteve 1.353.820 votos. Com esse expressivo número, a coligação conquistou quatro cadeiras: uma para Tiririca e as demais para os outros três candidatos mais votados da coligação, que conquistaram aproximadamente 90.000 votos. Nessa eleição, candidatos de outras coligações conquistaram até mais votos, entretanto não foram eleitos.

Nas eleições de 2014 para a Câmara dos Deputados, por exemplo, somente 7% (35) dos deputados conseguiram ser eleitos sozinhos, isto é, alcançaram o quociente eleitoral e não precisaram dos votos de legenda do próprio partido ou do partido coligado. Aproximadamente 90% dos deputados foram eleitos sendo puxados pelos votos de legenda ou de outros candidatos do mesmo partido ou coligação (Brasil, 2018d)[13].

Nesse sentido, outra distorção causada pelo sistema diz respeito ao fato de que candidatos bem votados podem perder, assim como concorrentes com poucos votos podem vencer. Por exemplo, nas eleições de 2010, Luciana Genro (Psol) estava concorrendo ao cargo de deputada federal pelo Rio Grande do Sul. Ela não foi eleita, mesmo conquistando 129.501 votos (a oitava mais votada do estado). Apesar de ter sido uma das concorrentes mais bem votadas do Brasil, o Psol não alcançou o quociente eleitoral, que foi de 193.114 votos.

Nas mesmas eleições, Jean Wyllys, do mesmo partido, foi beneficiado pelo sistema eleitoral. Foi eleito para deputado federal, representando o Estado do Rio de Janeiro, com apenas 13.000 votos. O Psol-RJ conquistou duas cadeiras. A primeira foi alocada para o candidato

---

13 *Você pode consultar os dados diretamente no* site *do TSE: <http://www.tse.jus.br/ eleitor-e-eleicoes/estatisticas/eleicoes/eleicoes-anteriores/estatisticas-candida turas-2014/estatisticas-eleitorais-2014-resultados>. Acesso em: 2 mar. 2018.*

Chico Alencar, que obteve 240.000 votos. Com isso, a segunda cadeira foi destinada ao segundo colocado: Wyllys.

(5.8)
SISTEMA MAJORITÁRIO: ELEIÇÕES PARA PRESIDENTE DO BRASIL

Neste tópico, discutiremos as implicações relacionadas à eleição para a Presidência da República no Brasil. A Constituição Federal de 1988 estabelece o uso do sistema de dois turnos nas eleições para os cargos do Executivo: presidente, governadores e prefeitos (em cidades com mais de 200 mil eleitores)[14]. Você se lembra de como esse sistema funciona? No caso específico do cargo de presidente, o distrito eleitoral corresponde ao país. Cada partido lança um candidato, que pode participar da disputa individualmente ou coligado. Os eleitores devem votar em um único candidato.

Para vencer no primeiro turno, o candidato precisa alcançar mais de 50% dos votos (maioria absoluta), excluindo-se os votos em branco e os nulos. Atingindo mais da metade dos votos, o candidato já é eleito, sem necessidade de realizar segundo turno. Desde 1989 até 2014, nas eleições presidenciais, Fernando Henrique Cardoso foi o único candidato que conseguiu se eleger em primeiro turno em duas eleições consecutivas: em 1994, com 54%, e em 1998, com aproximadamente 53% dos votos. Na hipótese de nenhum candidato atingir

---

14 *Nos municípios com menos de 200 mil eleitores, para os cargos de prefeito e senador, utiliza-se o sistema de maioria simples, em que o mais votado vence, sem a necessidade de segundo turno (para mais detalhes sobre esse sistema, veja o Capítulo 2). Para os cargos do Legislativo – vereador e deputados federal e estadual –, emprega-se o sistema de lista aberta, de modo que os candidatos mais votados da lista partidária são eleitos. Nesse caso, também não há segundo turno.*

Fabrícia Almeida Vieira

mais da metade dos votos, passa-se ao segundo turno, em que concorrem apenas os dois candidatos mais votados do primeiro turno. Nessa segunda eleição, o candidato eleito deve obter a maioria dos votos válidos.

A Tabela 5.2 mostra todas as eleições presidenciais do Brasil que tiveram segundo turno.

Tabela 5.2 – Segundo turno nas eleições presidenciais do Brasil

Eleições	Candidato a presidente	Candidato a vice-presidente	Votos	%
1989	Fernando Collor	Itamar Franco	35.089.998	53
	Lula	José Paulo Bisol	31.076.364	47
2002	Lula	José Alencar	52.793.364	61
	José Serra	Rita Camata	33.370.739	39
2006	Lula	José Alencar	58.295.042	61
	Geraldo Alckmin	José Jorge	37.543.178	39
2010	Dilma Rousseff	Michel Temer	55.752.529	56
	José Serra	Índio da Costa	43.711.388	44
2014	Dilma Rousseff	Michel Temer	54.501.118	52
	Aécio Neves	Aloysio Nunes	51.041.155	48

Fonte: Elaborado com base em Brito, 2018a; Brasil, 2018c.

As linhas sombreadas destacam o candidato vencedor, aquele que alcançou a maioria dos votos válidos. A Constituição Federal estabelece que o primeiro turno deve ocorrer no primeiro domingo do mês de outubro, e o segundo turno, no último domingo do mesmo mês, se houver necessidade.

A estrutura e o funcionamento do regime político brasileiro podem ser resumidos pela expressão *presidencialismo de coalizão*, sugerida pelo cientista político Sérgio Abranches em 1988. Essa expressão caracteriza a relação entre o Executivo e o Legislativo. A peculiaridade desse presidencialismo reside na combinação entre o sistema presidencialista e a formação de coalizões partidárias. Nas palavras de Abranches (1988, p. 21-22):

> *O Brasil é o único país que, além de combinar a proporcionalidade, o multipartidarismo e o "presidencialismo imperial", organiza o Executivo com base em grandes coalizões. A esse traço peculiar da institucionalidade concreta brasileira chamarei, à falta de melhor nome, "presidencialismo de coalizão".*

O Brasil adota um sistema de governo em que o chefe do Executivo é eleito por voto direto – sistema conhecido como *presidencialismo*. O presidente tem um mandato desvinculado do Parlamento. Isso significa que os eleitores brasileiros têm a chance de eleger um presidente de determinado partido e parlamentares de outros partidos políticos para o Legislativo. Esse sistema de governo difere do parlamentarismo em relação à origem do chefe do Executivo. No parlamentarismo, o Executivo tem origem na conexão de forças entre os partidos eleitos para o Legislativo; já no presidencialismo, ele surge da eleição direta do representante pelos eleitores (Codato; Costa, 2006).

Por *coalizão* podemos entender os acordos e as alianças que os partidos políticos estabelecem a fim de atingir alguns objetivos. O Brasil tem um sistema multipartidário, no qual há mais de dois partidos relevantes concorrendo em eleições e, consequentemente, ocupando as cadeiras no Legislativo. Assim, dificilmente o partido do presidente da República terá o apoio da maioria do Congresso para aprovar sua agenda e suas políticas. A coalizão é formada por muitos ou poucos partidos, com o intuito de estabelecer um núcleo de apoio ao presidente, como explicam Codato e Costa (2006). Essa coalizão tem a função de sustentar o governo, conferindo ao presidente a possibilidade de governar e influenciar na elaboração das políticas. Sem uma base aliada, torna-se quase impossível que o presidente consiga governar.

Síntese

Neste capítulo, fizemos um detalhamento do funcionamento do sistema eleitoral brasileiro. Mostramos que, nas eleições para os cargos do Executivo – presidente, governadores e prefeitos (em cidades com mais de 200 mil eleitores) –, utiliza-se o sistema majoritário de dois turnos, em que um candidato precisa alcançar mais de 50% dos votos para vencer no primeiro turno. Se nenhum candidato atingir essa porcentagem, realiza-se uma nova eleição com os dois mais votados. Nas eleições para senador (Poder Legislativo) e prefeito em cidades com menos de 200 mil eleitores, o sistema adotado é o de maioria simples, em que o mais votado conquista a representação, de acordo com o número de cadeiras disponíveis, sem nenhuma regra adicional.

Nas eleições para cargos do Legislativo – deputado federal, deputado estadual e vereador –, o sistema adotado é o de representação proporcional de lista aberta, no qual os concorrentes mais votados da lista partidária são eleitos. A maior vantagem desse sistema é que os vários segmentos sociais têm chance de serem representados no Legislativo. No entanto, como analisamos, esse sistema gera uma série de distorções, como o fato de um candidato com muitos votos acabar não sendo eleito, ao passo que outro com poucos votos pode conseguir se eleger. Com relação ao comportamento dos atores políticos, destacamos as estratégias eleitorais personalistas, muito importantes para a definição da escolha eleitoral da maioria dos eleitores brasileiros, de forma que os eleitores atribuem o voto com base nas imagens dos representantes, e não nos partidos políticos.

Além disso, ressaltamos que o Brasil apresenta grande desproporcionalidade na representação, a qual é causada, em grande medida, pela determinação constitucional de um valor mínimo e máximo de representantes por estado. Na condição de uma proporcionalidade perfeita, que leva em consideração o número de habitantes de cada estado, a quantidade de representantes por unidade federativa na Câmara dos Deputados poderia ser diferente (maior ou menor).

Demonstramos, ainda, que a fórmula eleitoral empregada no Brasil é complexa e gera muitas dúvidas ao eleitorado com relação às regras de alocação de cadeiras, por exemplo. O quociente eleitoral funciona como cláusula de barreira no Brasil, ao excluir do processo de distribuição das cadeiras os partidos que não alcançam o quociente. Além disso, esclarecemos que as coligações são interessantes tanto para os grandes partidos quanto para os pequenos e que esse mecanismo, do mesmo modo, é muito confuso para os eleitores, tendo em vista que partidos aliados no âmbito nacional podem ser rivais nos pleitos estadual ou municipal.

Exercício resolvido

Sobre as condições de elegibilidade, assinale a alternativa **incorreta**:

a) O candidato precisa ter domicílio eleitoral no distrito eleitoral pelo qual pretende concorrer a, pelo menos, um ano antes das eleições.

b) O candidato precisa respeitar a idade mínima para o cargo. Para presidente, vice-presidente da República e senador, a idade mínima é de 35 anos; para governador e vice-governador,

Fabrícia Almeida Vieira

30 anos; para deputado federal, deputado estadual, prefeito, vice-prefeito, 25 anos; e para vereador, 18 anos.

c) O candidato deve ser filiado a um partido político a, pelo menos, dois anos antes das eleições; ter domicílio eleitoral a, no mínimo, seis meses no distrito eleitoral em que deseja concorrer; ter nacionalidade brasileira; e respeitar a idade mínima de 25 anos para os cargos do Legislativo.

d) Todos os candidatos precisam estar registrados no Tribunal Superior Eleitoral (TSE).

e) O candidato deve ser filiado a um partido político a, no mínimo, seis meses antes da disputa eleitoral.

Resposta: c.

Para um candidato participar de uma eleição, precisa atender a alguns requisitos de elegibilidade, tais como: residir no distrito eleitoral pelo qual pretende concorrer por, no mínimo, um ano antes das eleições; ser filiado a um partido político a, no mínimo, seis meses antes do pleito; ter nacionalidade brasileira; e respeitar a idade mínima para cada cargo: 35 anos para presidente (e vice) e senador; 30 anos para governador (e vice); 25 anos para deputado federal, deputado estadual e prefeito (e vice); 18 anos para vereador. Além disso, todos os candidatos que atenderem aos requisitos de elegibilidade devem estar registrados no TSE.

Questões para revisão

1. Com relação aos sistemas proporcional e majoritário no Brasil, marque a alternativa correta:

a) No sistema majoritário, utilizado nas eleições para prefeitos, governadores, senadores e presidente do Brasil, o candidato mais votado é vencedor, sem a necessidade de segundo turno.

b) Nos municípios com menos de 200 mil eleitores, as eleições para prefeito são determinadas pelo sistema majoritário de dois turnos e, em municípios com mais de 200 mil eleitores, adota-se o sistema majoritário de maioria simples.

c) Os cargos do Executivo são preenchidos de acordo com o sistema majoritário de dois turnos, enquanto os do Legislativos são distribuídos conforme o sistema de maioria simples.

d) No sistema proporcional, o quociente eleitoral determina a quantidade de votos que o partido precisa alcançar para ter acesso a, no mínimo, uma cadeira. A função do quociente partidário é estabelecer a quantidade de cadeiras a que cada partido terá direito.

2. Assinale a alternativa **incorreta**:

a) Com base na lei das cotas, cada partido ou coligação deve reservar o mínimo de 30% e o máximo de 70% para candidaturas de representantes de qualquer gênero, por exemplo: 30% de candidatos homens e 70% de candidatas mulheres, ou vice-versa.

b) Coligação partidária é a aliança de dois ou mais partidos. Em uma coligação, os partidos apresentam uma lista única de candidatos, e são eleitos os mais votados, conforme o número de cadeiras conquistadas pela coligação.

c) O quociente eleitoral serve como cláusula de barreira no Brasil, pois o país emprega a cláusula de barreira nas eleições para cargos no Legislativo referentes à Câmara

Fabrícia Almeida Vieira

dos Deputados, às assembleias legislativas e às câmaras municipais.

d) O Brasil é o país mais desproporcional na relação entre a população do estado e o número de cadeiras. Isso pode ser explicado pela determinação constitucional de no mínimo 6 e no máximo 80 representantes por estado.

3. No sistema eleitoral brasileiro, o cargo político do Poder Legislativo eleito pelo voto majoritário é o de:

a) senador.

b) governador.

c) prefeito.

d) deputado federal.

4. Cite e explique alguns dos efeitos ocasionados pelo sistema de representação proporcional de lista aberta no Brasil.

5. Explique como são preenchidas as cadeiras do Legislativo e do Executivo no Brasil. Podemos afimar que o sistema brasileiro é misto?

Questões para reflexão

1. Pela complexidade do sistema eleitoral brasileiro, é comum encontrar pessoas que desconhecem as regras eleitorais e fazem declarações errôneas sobre o assunto. Com base no que foi abordado neste capítulo, apresente argumentos suficientes para refutar as afirmações a seguir:

a) Se mais de 50% dos eleitores votarem em branco ou anularem o voto, a eleição será anulada.

b) Se mais da metade dos eleitores não votarem, a eleição será anulada.

2. São José dos Pinhais é uma das regiões metropolitanas de Curitiba (cidade vizinha da capital). Nela, havia 179.548 eleitores registrados no ano de 2017, segundo dados do Tribunal Regional Eleitoral do Paraná (Paraná, 2017) – a 6º cidade desse estado com o maior número de eleitores. As eleições municipais ocorreram em 2016 e a próxima será em 2020. Imagine que até lá o número de eleitores registrados aumentará para 201.043. Considerando o conteúdo deste capítulo, responda:

   a) A variação do número do eleitorado trará mudanças para o sistema eleitoral? Se sim, quais serão elas? Explique detalhadamente a diferença (antes e após o aumento do número de eleitores).

   b) Comente quais poderão ser os impactos dessa variação no sistema partidário da cidade.

Para saber mais

BRASIL. Tribunal Superior Eleitoral. Disponível em: <http://www.tse.jus.br/o-tse>. Acesso em: 2 mar. 2018.

O *site* do Tribunal Superior Eleitoral (TSE) disponibiliza muitas informações a respeito das competências de cada órgão da Justiça Eleitoral.

BRAGA, M. do S. S.; PIMENTEL JUNIOR, J. Os partidos políticos brasileiros realmente não importam? **Opinião Pública**, Campinas, v. 17, n. 2, p. 271-303, nov. 2011. Disponível em: <http://www.scielo.br/pdf/op/v17n2/a01v17n2.pdf>. Acesso em: 2 mar. 2018.

Fabrícia Almeida Vieira

Indicamos a leitura do artigo de Maria Braga e Pimentel Junior para que você possa conhecer o debate sobre a importância ou não dos partidos políticos brasileiros.

CARREIRÃO, Y. de S. Ideologia e partidos políticos: um estudo sobre coligações em Santa Catarina. **Opinião Pública**, Campinas, v. 12, n. 1, p. 136-163, abr./maio 2006. Disponível em: <http://www.scielo.br/pdf/op/v12n1/29401.pdf>. Acesso em: 2 mar. 2018.

A leitura desse artigo de Yan Carreirão permitirá que você aprofunde o debate sobre as coligações por meio de um estudo de caso estadual.

CARVALHO, K. de. **Cláusula de barreira e funcionamento parlamentar**. Brasília, Câmara dos Deputados, fev. 2003. Disponível em: <http://www2.camara.leg.br/a-camara/documentos-e-pesquisa/estudos-e-notas-tecnicas/arquivos-pdf/pdf/300188.pdf>. Acesso em 2 mar. 2018.

Nesse texto, Katia de Carvalho faz uma relevante discussão sobre a cláusula de barreira e seu funcionamento.

CONEGLIAN, O. **Lei das eleições comentada**. Curitiba: Juruá, 2002.

A leitura desse livro pode ajudá-lo a entender melhor as modificações impostas pela Lei das Eleições (Lei 9.504/1997).

DUFLOTH, S. C.; FREITAS, D. R. R. **A evolução do voto eletrônico no sistema eleitoral brasileiro**. Texto para discussão. Belo Horizonte: Fundação João Pinheiro, 2013. Disponível em: <http://www.eg.fjp.mg.gov.br/index.php/docman/publicacoes-2013/5-a-evolucao-do-voto-eletronico-no-brasil/file>. Acesso em: 2 mar. 2018.

A leitura desse texto de Simone Dufloth e Diego Roger Freitas lhe permitirá entender melhor a evolução da informatização do voto no Brasil e no mundo.

FIGUEIREDO, A.; LIMONGI, F. Poder de agenda na democracia brasileira: desempenho do governo no presidencialismo de coalizão. In: SOARES, G.; RENNÓ, L. (Ed.). **Reforma política**: lições da história recente. Rio de Janeiro: Ed. da FGV, 2006. p. 249-280.

O debate sobre o presidencialismo de coalizão é muito amplo e de grande importância para o campo da ciência política. Por isso, recomendamos a leitura desse texto de Argelina Figueiredo e Fernando Limongi, que trata do poder de agenda na democracia brasileira.

GOMES, W. **Transformações da política na era da comunicação de massa**. São Paulo: Paulus, 2004.

Essa obra de Wilson Gomes esclarece as modificações que os meios de comunicação de massa acarretam na política.

Fabrícia Almeida Vieira

LIMONGI, F. A democracia no Brasil: presidencialismo, coalizão partidária e processo decisório. **Novos Estudos Cebrap**, São Paulo, n. 76, p. 17-41, nov. 2006. Disponível em: <http://www.scielo.br/pdf/nec/n76/02.pdf>. Acesso em: 2 mar. 2018.

Nesse artigo, Fernando Limongi faz uma ótima análise da democracia brasileira, especificamente do presidencialismo de coalizão.

NICOLAU, J. M. O sistema eleitoral de lista aberta no Brasil. **Dados – Revista de Ciências Sociais**, Rio de Janeiro, v. 49, n. 4, p. 698-720, 2006. Disponível em: <http://www.scielo.br/pdf/dados/v49n4/02.pdf>. Acesso em: 2 mar. 2018.

Esse artigo do cientista político Jairo Nicolau versa sobre a lista aberta no Brasil. Vale a pena fazer essa leitura.

NICOLAU, J. M. As distorções na representação dos estados na Câmara dos Deputados brasileira. **Dados – Revista de Ciências Sociais**, Rio de Janeiro, v. 40, n. 3, jan. 1997. Disponível em: <http://www.scielo.br/scielo.php?script=sci_artt ext&pid=S0011-52581997000300006>. Acesso em: 2 mar. 2018.

Jairo Nicolau também é o autor desse artigo interessantíssimo sobre as distorções da representação na Câmara dos Deputados.

Capítulo 6
Reformas do sistema
eleitoral no Brasil

Conteúdos do capítulo:

- Principais debates sobre a reforma política no Brasil.
- Argumentos favoráveis e desfavoráveis à implementação de mudanças substantivas no sistema político e eleitoral brasileiro.

Após o estudo deste capítulo, você será capaz de:

1. compreender as principais discussões sobre a reforma política no Brasil;
2. reconhecer as dificuldades referentes à implementação de uma grande reforma no sistema político e eleitoral.

A democracia pode ser compreendida como um jogo de incertezas. Toda reforma eleitoral é uma reconfiguração nas regras do jogo, alterando a posição dos jogadores, o modo das jogadas e a forma como o jogo se desenvolverá (Melo, 2006). Perante as mudanças, os atores políticos levam certo tempo para aprender como o jogo funcionará, bem como para entender as consequências das modificações empregadas. Dessa maneira, podemos afirmar que as reformas políticas são fenômenos complexos e investimentos de longo prazo, sendo uma reorganização ampla do sistema político e eleitoral, conforme Avritzer e Anastasia (2006).

Nicolau (2013) destaca o fato de que a agenda da reforma política gira em torno, basicamente, de temas ligados à alteração do sistema proporcional, como: discussão sobre opções para substituir a lista aberta – voto majoritário-distrital, lista fechada ou flexível; diminuição da fragmentação partidária; proibição das coligações em eleições proporcionais; e aderência da cláusula de barreira. Neste capítulo, portanto, analisaremos as principais questões da reforma política no Brasil.

(6.1)
A AGENDA DA REFORMA POLÍTICA NO BRASIL

A reforma política faz parte da agenda política desde o início da redemocratização (Melo, 2006). Esse fato evidencia que, no entendimento dos governantes, os arranjos vigentes são desvantajosos para o desenrolar do jogo. Porém, a agenda da reforma política no Brasil é das mais difíceis de ser efetivada. Segundo esse autor, essa agenda pode ser dividida em duas linhas. A primeira está relacionada à introdução do parlamentarismo, com a implementação do sistema distrital misto, da cláusula de barreira e do voto facultativo.

Fabrícia Almeida Vieira

O argumento principal para seus defensores se baseia no sistema político brasileiro, que é enfraquecido em virtude da combinação entre presidencialismo e multipartidarismo.

A segunda agenda está fundamentada no aspecto do melhoramento da representação proporcional no Brasil, corrigindo a desproporcionalidade das distribuições das cadeiras na Câmara dos Deputados por meio de ações como: instituir a fidelidade partidária; acabar com as coligações para as eleições proporcionais; substituir o sistema de representação de lista aberta pelo de lista fechada ou flexível; e abolir a ideia que define o quociente eleitoral como cláusula de exclusão.

Nenhuma dessas agendas teve grandes êxitos até o ano de 2005. O que ocorreu, na verdade, foram pequenas alterações no sistema político e eleitoral. A reforma política brasileira faz parte da agenda do Poder Legislativo, mas parte em princípio de iniciativas individuais dos parlamentares; assim, dificilmente chega ao plenário. Melo (2006, p. 57) lembra que "o Executivo brasileiro é quem apresenta cerca de 85% das proposições legislativas aprovadas no Congresso Nacional". Isso contribui para explicar o motivo pelo qual a reforma política não passa de grandes debates.

A dificuldade de implementar reformas profundas no arranjo institucional do Brasil também pode ser explicada pela "ausência de um diagnóstico bem fundamentado sobre quais aspectos do sistema eleitoral proporcional não funcionam, e por isto, estariam a merecer uma alteração" e pela "inexistência de um consenso mínimo no meio político sobre qual seria a melhor alternativa para substituí-lo" (Nicolau, 2013, p. 10). Ou seja, faltam evidências mais sistemáticas sobre o desempenho do sistema eleitoral e político brasileiro, mas somente com essas informações seria possível entender quais aspectos precisam de melhorias. Além disso, os atores políticos não conseguem chegar a um consenso sobre o precisa ser modificado. Alguns políticos se sentem beneficiados com determinadas regras, enquanto outros notam que são prejudicados por elas.

A primeira tentativa de implementar uma reforma política no Brasil, com foco em mudanças no sistema partidário, ocorreu no governo de Castelo Branco, em 1965-1966. Entretanto, em razão de pressões, a reforma não prosseguiu. Uma segunda tentativa foi realizada em 1982-1983, no governo de João Figueiredo, com o intuito de fazer modificações no sistema eleitoral, mas o projeto não chegou a ser votado. A reforma política também fez parte dos projetos dos governos de Fernando Henrique Cardoso e Luiz Inácio Lula da Silva, contudo

> *tais projetos não puderam ser transformados em projetos de governo, pelo simples e bom motivo que não eram compartilhados pelos seus parceiros de coalizão. Na única ocasião em que a reforma política foi incorporada à agenda de um governo foi aprovada a reeleição do então presidente Fernando Henrique Cardoso.* (Melo, 2006, p. 60)

A reforma política é percebida como um meio para provocar mudanças no cenário político. No entanto, é interessante ressaltar que uma reforma política e eleitoral não tem a capacidade de solucionar imediatamente todos os problemas, além de que, possivelmente, pode gerar novas questões (Fleischer et al., 2005). Isso porque nenhuma configuração de sistema eleitoral é perfeita.

(6.2)
VOTO OBRIGATÓRIO *VERSUS* VOTO FACULTATIVO

O tema do voto obrigatório no Brasil vem sendo mote para grandes debates desde sua implementação, em 1943. Existe uma grande discussão com relação à extinção do voto obrigatório em favor do

Fabrícia Almeida Vieira

voto facultativo (Costa, 2013). Você, leitor, defende qual das opções? Sabe quais são os argumentos favoráveis e contrários a cada uma? É disso que trataremos nesta seção.

O argumento favorável ao voto facultativo se baseia no fato de que as pessoas desinteressadas na política não precisariam participar do processo eleitoral. Ora, se o voto é um direito, não deveria ser obrigatório. Para os defensores do voto obrigatório, a transformação do dever em obrigatoriedade se justifica pelo propósito de evitar que uma parcela da população delegue a outros o poder de decisão sobre a escolha dos representantes, ou seja, impedindo que ocorra o efeito do carona.

Nesse sentido, votar é um ato de confiança e atribui ao eleitor certa responsabilidade social. Assim, "o voto se aproximaria de atividades como o serviço militar: de um tipo de serviço que, ou se realiza coletiva e cooperativamente, ou perde sua eficácia" (Araújo, 2006, p. 87).

Quanto maior for a abstenção eleitoral, menos atenção a sociedade receberá de seus representantes, isto é, maior será a autonomia deles. Nas palavras de Araújo (2006, p. 88):

> É isso que parece ocorrer quando o voto torna-se facultativo. Grupos marginalizados da sociedade – marcados desfavoravelmente pela escolaridade, pela distribuição de renda ou pelo preconceito racial – tendem a participar menos das eleições. Seu próprio alijamento social os torna mais descrentes das instituições políticas, logo, menos estimulados a votar. Não votando, contudo, esses grupos acabam reforçando sua marginalização social.

Nos Estados Unidos, por exemplo, a população negra é a que menos comparece às urnas, como menciona Araújo (2006). Podemos afirmar então que o voto facultativo poderia ser uma justificativa para o descompromisso eleitoral das camadas marginalizadas da sociedade.

O voto obrigatório não extermina a desigualdade política proveniente da estrutura social, mas ameniza essas condições.

Segundo Soares (2004), o voto obrigatório é a melhor opção, pois permite que a maioria dos eleitores participe do processo de escolha dos representantes, algo muito importante para a democracia. Seguindo-se a lógica dessa linha de pensamento, o voto facultativo no Brasil permitiria a proliferação de partidos clientelistas (Araújo, 2006). Isso porque a população mais rica – minoria – tenderia a não votar, enquanto a população mais pobre – maioria – seria estimulada pelos partidos a comparecer às urnas, empobrecendo a política nacional.

Nas palavras de Costa (2013): "O comparecimento eleitoral ostensivo – cujo maior propulsor é a obrigatoriedade do voto – produz maior 'sentimento de eficácia política' na população como um todo". Ao falar em *sentimento de eficácia,* o autor está se referindo ao fato de que o eleitor tem a sensação de estar contribuindo para a organização da sociedade.

Os adeptos do voto facultativo entendem que a não obrigatoriedade do voto proporciona maior liberdade de expressão. Por outro lado, os que defendem o voto obrigatório asseguram que a sociedade brasileira não está madura o suficiente para aderir ao voto facultativo. Assim, com a adesão do voto facultativo, a população teria maior liberdade de expressão, porém tenderia a uma "perda substancial do nível de participação dos cidadãos no processo eleitoral" (Soares, 2004, p. 5).

O DataSenado[1] realizou uma pesquisa de opinião pública em âmbito nacional (27 capitais e 1.094 entrevistados), entre 21 e 28 de maio de 2007, com a temática voltada para elementos presentes na

---

1   *O DataSenado é um serviço instituído pelo Senado Federal com a intenção de "desenvolver pesquisas que sirvam para estreitar a comunicação entre o Senado Federal e as necessidades e desejos da sociedade" (Senado Federal, 2018a).*

Fabrícia Almeida Vieira

agenda da reforma política[2]. Entre os entrevistados, 61% opinaram que o voto obrigatório não estaria relacionado a um maior comprometimento do eleitor na votação, sendo até mesmo um aspecto negativo. A pesquisa indicou que a desaprovação à obrigatoriedade do voto era maior quanto maior era o nível de escolaridade do entrevistado: mais de 70% daqueles que já concluíram o ensino superior se manifestaram contra o voto obrigatório. Para 36% dos entrevistados, o voto obrigatório seria positivo, pois estimularia mais pessoas a comparecerem no dia da votação (Brasil, 2007).

(6.3)
LISTA ABERTA *VERSUS* LISTA FECHADA

Uma peculiaridade do sistema de representação proporcional do Brasil é a lista. O sistema de lista aberta é utilizado no Brasil desde 1945. Como explicamos, esse sistema oferece duas alternativas aos eleitores: votar em um nome (voto nominal) ou votar em um partido (voto de legenda). As cadeiras conquistadas pelos partidos são preenchidas pelos candidatos mais votados.

Na década de 1950, conforme Nicolau (2006a), o sistema de representação brasileiro passou a ser alvo de críticas de atores políticos e de estudiosos, as quais podem ser divididas em dois aspectos centrais. O primeiro diz respeito ao fato de que a lista aberta acaba estimulando a competição intrapartidária, o que enfraquece os partidos políticos e fortalece as práticas personalistas (Desposato, 2007).

O segundo consiste no efeito da campanha personalizada. Nela, os candidatos recebem mais incentivos para uma campanha que

---

2   *Para ler a pesquisa completa, acesse: <https://www12.senado.leg.br/institucional/data-senado/arquivos/o-eleitor-e-a-reforma-politica>. Acesso em: 2 mar. 2018.*

ressalta suas próprias qualidades, em detrimento de campanhas partidárias, em que a imagem do partido é mais importante. Desse modo, os partidos políticos se enfraquecem por esse tipo de sistema de representação. Há, ainda, outras críticas mais específicas que enfatizam as distorções de representação das cadeiras da Câmara dos Deputados promovidas por esse sistema.

Em virtude dos efeitos que o sistema de lista aberta gera no país (conforme discutimos no Capítulo 5), existem muitos debates acerca de sua alteração. Uma das alternativas é a lista fechada, em que os partidos ordenam a lista de candidatos antes das eleições. Nesse sistema, o eleitor só pode votar no partido, e não em candidatos específicos. Desse modo, as cadeiras que o partido conquistar são direcionadas para os primeiros nomes da lista, dependendo apenas do número de cadeiras conquistadas. Outra opção é a lista flexível, em que os partidos estabelecem a ordem da lista, mas o eleitor tem a opção de votar em qualquer candidato (Nicolau, 2006a).

As propostas de reforma política buscam soluções para a representação proporcional. De acordo com Nicolau (2006a), tais propostas, nas décadas de 1960 e 1970, sugeriam a adoção do sistema majoritário (voto distrital). Já nas duas décadas seguintes, a maioria das propostas defendia a adoção do sistema misto (voto distrital misto).

Em 2003, na Comissão Especial de Reforma Política da Câmara dos Deputados, a proposta foi substituir o sistema de representação de lista aberta pelo de lista fechada nas eleições para cargos do Legislativo – Câmara dos Deputados, assembleias legislativas estaduais e câmaras municipais. A primeira razão para essa substituição residia no fato de que as conexões entre representantes e cidadãos seriam fortalecidas. Com a lista fechada, um dos problemas da lista aberta poderia ser contornado: a coligação, em que o eleitor vota em um candidato, mas seu voto pode ajudar a eleger outro candidato da

Fabrícia Almeida Vieira

mesma lista partidária. "Devido ao efeito de *vote-pooling*, pode ser que o eleitor, ao votar em um determinado candidato, acabe por eleger um político completamente diferente" (Desposato, 2007, p. 128-129). Essa mudança provocaria a redução no número de candidatos, sendo mais fácil controlar os gastos de fundo de campanha.

A substituição do sistema de lista aberta para o de lista fechada também é alvo de críticas. Uma delas presume que a margem de escolha dos eleitores seria reduzida, uma vez que eles poderiam votar apenas no partido, e não mais em candidatos. Outra crítica se fundamenta na ideia de oligarquização dos partidos. Mas o que isso significa? No sistema de lista fechada, os dirigentes partidários ganhariam muito poder, já que passariam a controlar a ordenação dos nomes na lista. Assim, eles poderiam privilegiar seus aliados, fazendo-os ocupar as primeiras colocações na lista.

Nicolau (2006a) ressalta que, embora tais riscos existam, alguns países, como Argentina, África do Sul, Israel, Portugal e Espanha, vêm obtendo êxito na utilização desse sistema. Ainda sobre a oligarquização, Nicolau (2006a) alerta que as organizações partidárias já escolhem os nomes que deverão compor a lista no sistema de lista aberta; todavia, tais nomes são selecionados de forma interna, nas convenções partidárias.

A baixa ou a omissão da prestação de contas é outra crítica dirigida ao sistema de representação de lista fechada. O argumento é que a lista fechada impulsiona os parlamentares a trabalhar em prol do partido, a fim de assegurarem as melhores posições nas listas da eleição seguinte. Desse modo, o parlamentar teria pouco interesse em prestar contas de suas atividades do mandato para a sociedade.

Nesse sentido, a lista aberta fornece mais incentivos para que os parlamentares estejam constantemente conectados aos eleitores.

> As convenções partidárias são reuniões com os filiados de um partido no intuito de discutir assuntos de interesse da organização ou assuntos eleitorais, tais como a escolha dos candidatos e a adesão ou não a uma coligação. A Lei n. 13.165, de 29 de setembro de 2015 (Brasil, 2015), define que tais convenções sejam realizadas entre 5 de julho e 5 de agosto do ano da eleição[3].

(6.4)
COLIGAÇÕES PARTIDÁRIAS, FRAGMENTAÇÃO E CLÁUSULA DE BARREIRA

Você pode estar se perguntando: "Por qual motivo os partidos fazem coligações?". Fleischer (2006) ajuda a responder a essa questão. Os pequenos partidos buscam se coligar a fim de superar a barreira do quociente eleitoral, pois, quanto menor for a bancada estadual, maior será o obstáculo para esses partidos. Já os grandes partidos aceitam se coligar com os pequenos partidos em busca de maior mobilização eleitoral nos distritos eleitorais, bem como para aumentar o tempo no Horário Gratuito de Propaganda Eleitoral (HGPE), principalmente quando se trata das eleições majoritárias. Outro fator que explica a formação de coligações é a busca por superar o federalismo brasileiro. Um partido pode ser mais forte em alguns estados e mais fraco em outros. Por exemplo, o PT é fraco no Paraná, mas forte no Piauí, ao passo que o PMDB é forte em quase todos os estados (Fleischer, 2006).

---

3   *Para saber mais sobre o assunto, acesse a página "Registro de candidatos", no site do Tribunal Superior Eleitoral (TSE), disponível em: <http://www.tse.jus.br/eleitor-e-eleicoes/processo-eleitoral-brasileiro/candidaturas/registro-de-candidatos>. Acesso em: 2 mar. 2018.*

Fabrícia Almeida Vieira

As coligações também fazem parte da agenda da reforma política. Entre as propostas para modificar as regras desse mecanismo, podemos citar as mais polêmicas: **proibição de coligações nas eleições proporcionais**; e adoção de uma **federação de partidos**, em vez de coligações.

Kinzo (2003) assegura que a proibição das coligações nas eleições proporcionais faz muito sentido, já que o objetivo dessas eleições é oferecer "a cada partido uma representação proporcional a seu peso eleitoral relativo resultante da competição entre os distintos partidos" (Kinzo, 2003, p. 19). Por outro lado, com a abolição das coligações eleitorais nas eleições proporcionais, a maior parte dos pequenos partidos poderia ser eliminada. "Talvez, apenas sete ou oito partidos maiores sobrevivessem a esta regra" (Fleischer, 2006, p. 145).

Em 2003, a proposta de adoção de uma federação de partidos foi formalizada na Comissão Especial da Câmara dos Deputados. No entanto, o projeto não foi votado na Câmara por pressões de partidos que se posicionavam contra o conteúdo da proposta. Fleischer (2006, p. 145) explica em que consiste essa proposta:

> Cada 'federação de partidos' [coligação] teria que ficar unida durante três anos após a eleição, e seus deputados eleitos seriam impedidos de mudar de partido. De uma vez, esse mecanismo tentaria 'preservar' os pequenos partidos e, ao mesmo tempo, evitar o 'troca-troca' de legendas pelos deputados após o pleito.

Atualmente, as coligações não são permanentes? Não! Elas acabam ao final do processo eleitoral. Com a proposta de uma federação, os partidos ficariam vinculados por três anos após o período das eleições. Apesar das tentativas, esse projeto não entrou nas pautas para votação na Câmara dos Deputados. Vale ressaltar que alguns partidos são beneficiados pela migração partidária, por isso essa proposta encontrou obstáculos para prosseguir.

Apesar de as coligações não serem permanentes, são realizadas amplas coalizões dentro do Legislativo, as quais possibilitam ao governo exercer seu papel. *Presidencialismo de coalizão* é um termo clássico que descreve o modelo institucional brasileiro: o presidente constrói uma base de apoio concedendo, entre outros benefícios, postos ministeriais aos membros dos partidos que têm representação no Congresso, para receber, em troca, os votos necessários à aprovação de sua agenda no Legislativo (Santos, 2006). A instauração e a conservação de amplas coalizões são um desafio para o Executivo, principalmente em razão do número elevado de partidos com representação e com interesses divergentes.

Como já mencionamos nos capítulos anteriores, o Brasil apresenta elevada fragmentação partidária no Legislativo. Essa questão revela alguns prejuízos, tais como:

> *dificuldades para a organização do trabalho parlamentar, já que cada partido necessita de gabinetes, assessores e acesso a outros recursos. O mesmo acontecendo nas campanhas eleitorais, onde o Fundo Partidário e o tempo do horário de propaganda eleitoral acabam se dispersando excessivamente entre as legendas.* (Nicolau, 2015, p. 5)

A alta fragmentação partidária no Brasil é resultado do sistema proporcional e também das coligações proporcionais. Com o intuito de reduzir o número de partidos efetivos no Congresso, há muitos debates sobre as possibilidades da incorporação da cláusula de barreira.

Atualmente, o quociente eleitoral funciona como cláusula de barreira nos distritos eleitorais. Fleischer (2006, p. 143) ressalta que "os menores estados têm uma bancada de oito deputados federais, e

Fabrícia Almeida Vieira

assim o quociente eleitoral é um oitavo (12,5%) dos votos válidos", e a cláusula de exclusão fica acima de 5% dos votos válidos no âmbito nacional (conforme modelo inspirado no sistema alemão). O autor segue comentando que "nos estados maiores, como São Paulo com 70 deputados federais, o quociente eleitoral é menor proporcionalmente – 1/70 ou 1,4% dos votos válidos para eleger um deputado" (Fleischer, 2006, p. 143).

Em meio a muitos debates, a cláusula de barreira foi aprovada pelo Congresso Nacional para entrar em vigor nas eleições de 2006. Porém, foi revista e revogada, considerada institucional por lesar os pequenos partidos. Se ela fosse aplicada, os partidos que não atingissem 5% dos votos válidos em, no mínimo, nove estados não teriam direito a ter representação na Câmara dos Deputados. Os partidos com representação participariam da distribuição de 99% do Fundo Partidário, enquanto aqueles sem representação partilhariam 1% do Fundo. Além disso, a regra previa dar acesso aos meios de comunicação – rádio e televisão – aos partidos com cadeiras. Aqueles excluídos pela cláusula teriam restrições, com apenas um programa por semestre em rede nacional e sem custos, com duração de dois minutos (Mata; Castro, 2006).

(6.5)
DISTRITÃO

O modelo chamado *Distritão*[4] ganhou bastante destaque nos debates sobre a reforma eleitoral, principalmente em 2015, como uma

---

4   *Esse modelo é uma variante do sistema majoritário, também conhecido como* voto único não transferível *(SNTV – do inglês* single non-transferable vote *– SNTV), e, como mencionado no Capítulo 2, funciona em Vanuatu, uma ilha do Pacífico com pouco mais de 200 mil habitantes.*

proposta para substituir o sistema de lista aberta, usado para a eleição dos membros da Câmara dos Deputados, das assembleias e das câmaras municipais. A proposta é que cada estado se torne um distrito único (por isso o termo *distritão*). O eleitor, assim, teria a opção de votar apenas em nomes, não existindo mais o voto de legenda (no partido ou na coligação). As cadeiras ainda seriam preenchidas pelos candidatos mais votados.

A principal diferença entre o sistema de lista aberta e o Distritão é que, neste, os votos passam a ser contabilizados individualmente. Acompanhe: no primeiro sistema, define-se o quociente eleitoral mediante a divisão do número total de votos dos partidos pelo número de cadeiras em disputa. Em seguida, realiza-se o cálculo do quociente partidário, que se refere à divisão do número de votos válidos de cada partido ou coligação pelo quociente eleitoral. Quanto maior for o número de votos do partido ou da coligação (soma dos votos de todos os candidatos da lista partidária), maior será a quantidade de cadeiras obtidas pela legenda. Assim, é possível afirmar que os candidatos dependem, além dos votos individuais, dos votos obtidos pelo partido ou pela coligação. Já no segundo sistema, a distribuição de cadeiras é mais simples: os candidatos mais votados são eleitos e dependem exclusivamente dos votos individuais.

A implementação desse modelo, assim como para vários outros que examinamos, não é consensual. Os defensores da implementação do Distritão argumentam que ele diminuiria a quantidade de concorrentes aos pleitos, concentrando-se naqueles com mais chances de sucesso eleitoral. Como consequência, poderia diminuir a fragmentação partidária. Ainda, argumenta-se que ele permitiria a superação do efeito dos puxadores de voto – candidatos que recebem um número elevado de votos e contribuem para a eleição de outros nomes da lista partidária (como discutido no Capítulo 2). Outro

Fabrícia Almeida Vieira

benefício levantado pelos defensores desse modelo diz respeito ao fim das coligações. Além disso, com o Distritão, os eleitores poderiam aproximar-se mais de seus representantes.

Perceba que, com a mudança do sistema, muitos mecanismos presentes na agenda da reforma seriam reconfigurados, como a fragmentação partidária e as coligações.

Carlomagno (2015) realizou uma pesquisa exploratória a fim de dimensionar os possíveis efeitos da implementação do Distritão no Brasil. O cientista político destaca o fato de que esse modelo não impactaria fortemente a fragmentação partidária, tendo em vista que 26 partidos teriam representação a Câmara, em comparação com os 28 presentes no sistema de lista aberta. "Em fato, as mudanças são pontuais sobre as bancadas federais. Nas Assembleias Legislativas dos estados, é muito mais evidente o movimento em benefício aos grandes partidos" (Carlomagno, 2015, p. 4).

Nessa mesma pesquisa, Carlomagno (2015) assegura que o fim das coligações por meio do Distritão não barra o acesso dos pequenos partidos à Câmara. Segundo o autor,

> *22 partidos continuam representados. O que muda é o tamanho destes partidos, consolidando três gigantes (PMDB, PT e PSDB, que, somados ocupam quase 3/5 das cadeiras), três ou quatro intermediários (PSB, PP, PSD e, já um tanto atrás, PR) e muitos pequenos quase sem expressão.*
>
> *Além do evidente ganho dos três maiores partidos brasileiros, o modelo parece beneficiar mais os partidos de centro-direita, como PSD e PP (apesar destes também perderem vagas, permanecem como forças intermediárias), ao que passo que o PDT, hoje um partido forte, é rebaixado quase ao status de partido nanico, assim como também ocorre com o DEM.*

Curiosamente, o PSOL ganha um deputado, indicando que talvez o maior efeito seja sobre os partidos médios (como o PDT e o DEM) do que sobre os já pequenos. (Carlomagno, 2015, p. 5)

Há também quem argumente que o Distritão poderia privilegiar candidatos mais populares, em detrimento de candidatos novos ou que representam minorias. Como nesse sistema os candidatos precisam conquistar votos individualmente, as relações entre o campo político e os cidadãos tenderiam a ser ainda mais personalistas, enfraquecendo as organizações partidárias. Consequentemente, o mais provável seria que o eleitor adotasse a estratégia do voto útil.

Outro argumento contrário à adoção do Distritão é que a proposta não menciona o que fazer com os votos excedentes (sobras) ou que são destinados para candidatos que não se elegerem. Nesse sistema, tais votos seriam simplesmente descartados, ao passo que no sistema de lista aberta somente são eliminados os votos dos partidos que não alcançam o quociente eleitoral.

Síntese

Neste capítulo, mostramos como é complexo o debate sobre a reforma política no Brasil. A maior dificuldade de implementar mudanças substantivas no sistema eleitoral brasileiro reside na falta de consenso quanto ao que seria melhor para compor as regras eleitorais. Como determinadas regras beneficiam alguns partidos e prejudicam outros, torna-se muito complicado haver uma concordância entre os atores políticos.

Como já havíamos analisado os principais efeitos do sistema eleitoral brasileiro, foi possível, neste capítulo, esclarecer as vantagens e desvantagens de tal sistema. Comentamos que o sistema proporcional de lista aberta produz uma série de efeitos não desejados. Com o objetivo de reduzir e/ou acabar com tais efeitos, atores políticos e cientistas sociais e politólogos vêm debatendo maneiras de superá-los.

Ainda, mencionamos os principais debates que permeiam as discussões sobre a reforma política, os quais são concernentes a mecanismos do sistema proporcional, tais como: a substituição do tipo de lista; a redução da fragmentação partidária; o fim das coligações nas eleições proporcionais; e a adoção da cláusula de barreira. Detalhamos cada argumento, tanto a favor como contra, sobre as principais mudanças.

Por fim, evidenciamos que cada sistema eleitoral apresenta vantagens e desvantagens. Por isso, a alteração de determinada regra pode até significar a superação de algum problema, mas, ao mesmo tempo, levar ao surgimento de outro.

Estudo de caso

A minirreforma de 2015

A minirreforma de 2015, baseada na Lei n. 13.165, foi sancionada no dia 29 de setembro de 2015 (Brasil, 2015) e gerou diversas modificações nos artigos da Lei das Eleições – Lei n. 9.504, de 30 de setembro de 1997 (Brasil, 1997) –, do Código Eleitoral – Lei n. 4.737, de 15 de julho de 1965 (Brasil, 1965) – e da Lei dos Partidos Políticos – Lei n. 9.096, de 19 de setembro de 1995 (Brasil, 1995a). Vamos, a seguir, comentar algumas dessas modificações.

Antes da minirreforma, todos os candidatos precisavam estar filiados a um partido político para serem registrados no Tribunal Superior Eleitoral (TSE), e o tempo de filiação exigido era de, no mínimo, um ano. Com a minirreforma, o art. 9º da Lei das Eleições foi redigido, e o prazo mínimo de filiação partidária passou a ser de seis meses antes da eleição (Brasil, 1997).

O número de candidatos por partido e por coligação também foi alterado. Antes, os partidos podiam registrar um total de candidatos equivalente a 150% das cadeiras a serem preenchidas, e as coligações podiam registrar até 200%. Por exemplo, em uma cidade com uma Câmara de Vereadores com 20 cadeiras disponíveis, os partidos podiam lançar até 30 candidatos, e as coligações, 40. A nova redação da Lei das Eleições, no entanto, passou a determinar que cada partido ou coligação pode lançar um total de candidatos equivalente a até 150% das cadeiras a serem preenchidas. Ou seja, fazer uma coligação não altera mais a quantidade de candidatos a serem registrados (Brasil, 1997).

Há duas exceções a essa regra: unidades da Federação com menos de 12 lugares na Câmara dos Deputados – caso em que cada partido ou coligação poderá registrar candidatos a deputado estadual ou federal no total de até 200% das cadeiras a serem preenchidas – e municípios com até 100 mil eleitores – em que cada partido ou coligação poderá lançar até 200%.

O art. 49 da Lei dos Partidos também foi alterado, implementando mudanças na veiculação do Horário Gratuito de Propaganda Eleitoral (HGPE). A redação anterior assegurava aos partidos políticos a veiculação de um programa semestral no âmbito nacional e outro no âmbito estadual, com duração de 20 minutos cada. Além disso, disponibilizavam-se 40 minutos semestralmente para inserções de 30 segundos ou 1 minuto, tanto no âmbito nacional quanto no estadual.

Entretanto, a nova redação passou a determinar que partidos com no mínimo um representante na Câmara dos Deputados ou no Senado Federal tenham direito a um programa semestral com

Fabrícia Almeida Vieira

abrangência nacional, com duração de 5 minutos para os partidos com até quatro deputados federais e de 10 minutos para os partidos com cinco ou mais representantes na Câmara dos Deputados. A utilização das inserções semestrais de 30 segundos ou 1 minuto em rede nacional e estadual passou a ser no total de 10 minutos para partidos com até nove deputados federais e 20 minutos para partidos com dez ou mais deputados federais. Podemos perceber que o tamanho da bancada passou a ser determinante para assegurar mais tempo de HGPE.

Exercício resolvido

(ENEM – 2015 – Caderno Azul) A Justiça Eleitoral foi criada em 1932, como parte de uma ampla reforma no processo eleitoral incentivada pela Revolução de 1930. Sua criação foi um grande avanço institucional, garantindo que as eleições tivessem o aval de um órgão teoricamente imune à influência dos mandatários.

TAYLOR, M. Justiça Eleitoral. In: AVRITZER, L.; ANASTASIA, F. **Reforma política no Brasil**. Belo Horizonte: UFMG, 2006 (adaptado).

Em relação ao regime democrático no país, a instituição analisada teve o seguinte papel:

a) Implementou o voto direto para presidente.

b) Combateu as fraudes sistemáticas nas apurações.

c) Alterou as regras para as candidaturas na ditadura.

d) Impulsionou as denúncias de corrupção administrativa.

e) Expandiu a participação com o fim do critério censitário

Resposta: b.

A Justiça Eleitoral foi criada com a finalidade de combater a corrupção e organizar o processo eleitoral, caracterizado por fraudes no período da Primeira República (há um tópico no Capítulo 5 deste livro em que se descrevem as competências da Justiça Eleitoral e sua forma de organização).

Questões para revisão

1. Quais são as vantagens e as desvantagens do sistema de lista aberta no Brasil?

2. Marque V para as afirmativas verdadeiras e F para as falsas. Em seguida, selecione a alternativa que apresenta a sequência correta:

( ) A reforma política pode ser entendida como a reorganização ampla do sistema político e eleitoral.

( ) A agenda da reforma política no Brasil é das mais difíceis de ser efetivada.

( ) A primeira tentativa de implementar uma reforma política no Brasil, concentrando-se em mudanças no sistema partidário, ocorreu no governo de Fernando Henrique Cardoso.

( ) O argumento para a implementação da cláusula de barreira é diminuir a fragmentação partidária no Legislativo.

( ) A lista mista é vista como uma opção para substituir a lista aberta, uma vez que os partidos ordenam a lista partidária e, ao mesmo tempo, os eleitores podem votar tanto na legenda (partido político) como no nome de um candidato da lista.

a) V, V, V, F, V.

b) F, V, F, V, F.

Fabrícia Almeida Vieira

c) F, F, F, V, F.

d) V, V, F, V, V.

3. Cite e explique os principais argumentos, favoráveis e contrários, sobre a adoção do Distritão no Brasil.

4. A reforma política não é uma discussão nova no Brasil. Recentemente, voltou a ganhar destaque no Congresso Nacional e nos meios de comunicação. Como destacamos neste capítulo, um dos debates presentes na agenda da reforma política é a modificação do sistema eleitoral do país. Diante disso, selecione a alternativa correta:

a) Deputados federais e senadores concordam plenamente com a implementação da cláusula de barreira, a fim de que o Congresso seja menos fragmentado e o eleitor consiga acompanhar melhor as ações de seu representante.

b) O fim das coligações em eleições proporcionais é amplamente defendido, principalmente por partidos pequenos, que são prejudicados com esse mecanismo.

c) Conforme Nicolau (2015), a lista flexível pode ser uma alternativa para o Brasil, já que o ordenamento da lista partidária é feito pelos partidos e, ao mesmo tempo, o eleitor pode votar no nome do candidato e na legenda.

d) A lista aberta favorece uma relação mais institucionalizada entre atores políticos e representantes, enquanto a lista fechada estimula mais a personalização de campanhas eleitorais e a relação entre esses atores sociais.

5. Assinale a alternativa **incorreta**:

a) A reforma política faz parte da agenda política do Congresso Nacional desde a redemocratização, mas não é implementada em virtude dos interesses divergentes dos atores políticos.

b) Em resumo, a agenda da reforma política se concentra em temas ligados ao sistema de representação proporcional, como o fim das coligações e a substituição do tipo de lista.

c) A lista aberta promove maior disputa intrapartidária e maior personalização de campanhas eleitorais. Por sua vez, a lista fechada promove menos personalização e menor competição intrapartidária, mas reduz a margem de escolha dos eleitores, uma vez que eles só poderão votar no partido.

d) As coligações prejudicam os pequenos partidos e beneficiam os grandes. A proposta para o fim das coligações nas eleições proporcionais se fundamenta nessa afirmação.

Questões para reflexão

1. Para responder às questões propostas, leia o texto a seguir:

> Direito ou dever? A natureza do voto no Brasil é alvo desse questionamento, mais especificamente de qual seria seu reflexo nas eleições e na participação política da população. Embora esteja inserido no universo dos direitos políticos, o voto é obrigatório no Brasil e tem sido desde a Constituição de 1946.
>
> O voto também é obrigatório em outros 21 países – 12 deles, latino-americanos. Mas, para o cientista político Roberto Romano, da Universidade Estadual de Campinas (Unicamp), o que existe no país é uma "ficção" de voto obrigatório. Para ele, a manutenção da obrigatoriedade serve para simular um respeito ao instrumento do voto, enquanto ele é desrespeitado em outras frentes – inclusive pela Justiça Eleitoral.

Fonte: O dilema..., 2017.

Fabrícia Almeida Vieira

Após a leitura do texto e com base no que abordamos neste capítulo, responda às questões a seguir:

a) Quais são os argumentos favoráveis e contrários aos votos facultativo e obrigatório?

b) Em sua opinião, qual dos tipos de voto traz mais oportunidades de participação cidadã e contribui para o fortalecimento democrático?

2. A minirreforma de 2015 chama atenção por ter conseguido implementar mudanças em vários artigos da Lei das Eleições, do Código Eleitoral e da Lei dos Partidos Políticos. Pesquise as modificações provocadas pela minirreforma e explique sua posição perante as modificações mencionadas a seguir. Cite argumentos positivos e negativos referentes a cada uma delas.

a) O tempo de campanha e de propaganda eleitoral passou de 90 para 45 dias.

b) Houve a proibição da veiculação de propaganda de qualquer natureza – pichação, placas, faixas, cavaletes, bonecos e outros – em locais de uso comum, como viadutos, passarelas, pontes, postes, pontos de ônibus e outros locais em que se necessite de autorização municipal ou do TSE.

c) Foi proibido o financiamento empresarial, sendo permitido apenas o financiamento de pessoas físicas.

Para saber mais

AVRITZER, L.; ANASTASIA, F. (Org.). **Reforma política no Brasil**. Belo Horizonte: Ed. da UFMG, 2006.

O livro organizado por Leonardo Avritzer e Fátima Anastasia é composto por estudos de vários pesquisadores, sendo recomendado para ampliar o debate sobre a reforma política no Brasil.

CARLOMAGNO, M. C. Cenários para a reforma política: simulações a partir da adoção do "distritão" e do fim das coligações nas eleições proporcionais. **Observatório de Elites Políticas e Sociais do Brasil**, Newsletter, v. 2, n. 6, mar. 2015. Disponível em: <http://bibliotecadigital.tse.jus.br/xmlui/bitstream/handle/bdtse/2587/cen%C3%A1rios_reforma_pol%C3%ADtica_carlomagno.pdf?sequence=1&isAllowed=y>. Acesso em: 2 mar. 2018.

Márcio Carlomagno realizou essa pesquisa exploratória sobre como seria o resultado eleitoral na hipótese da adoção do Distritão e do fim das coligações nas eleições proporcionais.

NICOLAU, J. M. Reforma eleitoral no Brasil: impressões sobre duas décadas de debate. **Em Debate**, Belo Horizonte, v. 5, n. 5, p. 7-16, dez. 2013. Disponível em: <http://ifch.ufpa.br/REFORMA%20ELEITORAL%20NO%20BRASIL%20-%20JAIRO%20NICOLAU>. Acesso em: 2 mar. 2018.

Nesse artigo de Jairo Nicolau, o autor apresenta algumas possíveis soluções para os principais problemas do sistema de lista aberta.

Fabrícia Almeida Vieira

Considerações finais

Chegamos ao fim deste livro, em que nos propusemos a fazer distinções entre os sistemas eleitorais e a explicar como eles trazem consequências para o modo de representação política em diferentes países.

No primeiro capítulo desta obra, apresentamos o principal debate sobre a representação política, presente no período eleitoral, em que o eleitor autoriza, via voto, que os representantes eleitos sejam responsáveis pelas tomadas de decisões. A representação também está presente no período pós-eleição, em que os eleitores avaliam e julgam as ações dos representantes. Nesse contexto, a prestação de contas e a ampliação da participação cidadã nos assuntos políticos ganham importância. Após isso, demonstramos que os sistemas eleitorais viabilizam a representação política. Destacamos também que, apesar de diferentes, os sistemas eleitorais têm elementos em comum: distrito eleitoral, estrutura do boletim de voto, procedimento de votação e fórmula eleitoral.

No segundo capítulo, estabelecemos as diferenças entre os sistemas majoritários, proporcionais e mistos e suas variantes, tanto para as eleições à Câmara dos Deputados como para as presidenciais. Para isso, utilizamos diferentes países como exemplo, a fim de descrever as regras eleitorais existentes em cada um. Mostramos detalhadamente que cada sistema eleitoral apresenta um objetivo: no sistema majoritário, a finalidade é eleger o candidato mais votado; já no sistema proporcional, um pouco mais complexo, conquistam a representação os partidos que ultrapassam o quociente eleitoral, e as cadeiras obtidas são ocupadas pelos candidatos mais votados de cada lista partidária; por sua vez, o sistema misto mescla características dos sistemas majoritário e proporcional para a mesma eleição.

No terceiro capítulo, recorremos às Leis de Duverger para explicar como o sistema eleitoral impacta o sistema partidário. De acordo com as concepções de Duverger (1968), o sistema majoritário de maioria simples tende a ter sistemas bipartidários, ao passo que no sistema de dois turnos maiores são as chances de haver multipartidarismo; por fim, no sistema proporcional, o sistema partidário também tende ao multipartidarismo.

No quarto capítulo, analisamos os principais efeitos dos sistemas eleitorais. Os sistemas proporcionais tendem a comportar um Legislativo mais fragmentado, mais proporcional na relação entre votos e cadeiras, além de favorecer a representação de grupos minoritários. Já os sistemas majoritários tendem a ser menos fragmentados, com a existência de dois partidos fortes que detêm a maioria da representação no Legislativo, bem como costumam ser mais desproporcionais na relação entre votos e cadeiras, com mais obstáculos para a representação de minorias.

Nos dois últimos capítulos, focamos exclusivamente o sistema eleitoral do Brasil. No quinto capítulo, detalhamos as regras eleitorais válidas nas eleições de cargos para o Legislativo e o Executivo. Nas eleições para o Executivo (presidente, governadores e prefeitos em cidades com mais de 200 mil eleitores), utiliza-se o sistema majoritário de dois turnos. Porém, no pleito para a eleição de senadores e prefeitos em cidades com menos de 200 mil eleitores, o sistema adotado é o de maioria simples, em que o mais votado conquista a representação, sem nenhuma regra adicional. Por sua vez, nas eleições para o Legislativo (deputado federal, deputado estadual e vereador), o sistema usado é o de representação proporcional de lista aberta. Examinamos, ainda, os principais efeitos do sistema de lista aberta, tais como o estímulo para campanhas personalistas, o enfraquecimento dos partidos políticos e o efeito dos puxadores de votos.

No mesmo capítulo, mostramos que, nas eleições presidenciais, destaca-se o *presidencialismo de coalizão*, termo usado para explicar o arranjo institucional brasileiro que une a proporcionalidade, o multipartidarismo e o presidencialismo. Com um Legislativo composto por múltiplos partidos, o presidente precisa recorrer a amplas coalizões, a fim de ter apoio na aprovação de sua agenda. Portanto, elas têm a função de sustentar o governo, fornecendo ao presidente possibilidades de governar e interferir na elaboração de políticas públicas.

Por fim, no último capítulo, demonstramos como é complexa a discussão sobre a reforma política no Brasil. A maior dificuldade para a implementação de mudanças substantivas no sistema eleitoral brasileiro reside na falta de consenso quanto ao que é mais adequado para compor as regras eleitorais. Isso porque determinada regra beneficia alguns partidos, mas prejudica outros. Então, torna-se muito difícil que os partidos cheguem a um acordo definitivo sobre as melhores alterações a serem feitas.

Consideramos que, a partir da leitura deste livro e do estudo das obras indicadas, você se tornou capaz de analisar como o sistema eleitoral interfere no modo de representação, entender como é o funcionamento dos sistemas eleitorais, explicar como o sistema eleitoral influencia no sistema partidário e descrever e examinar quais são os efeitos dos sistemas eleitorais. Desejamos, também, que você tenha compreendido as peculiaridades do sistema eleitoral brasileiro,

Fabrícia Almeida Vieira

os efeitos desse sistema, suas principais vantagens e desvantagens, bem como que você possa desenvolver argumentos sobre as principais pautas da reforma política.

Esperamos que esta obra lhe seja de grande valia e contribua para seu aprendizado, pois entendemos que o conteúdo abordado neste livro é fundamental para sua formação como politólogo(a).

Referências

ABRANCHES, S. H. H. de. Presidencialismo de coalizão: o dilema institucional brasileiro. **Dados – Revista de Ciências Sociais**, Rio de Janeiro, v. 31, n. 1, p. 5-34, 1988. Disponível em: <https://politica3unifesp.files.wordpress.com/2013/01/74783229-presidencialismo-de-coalizao-sergio-abranches.pdf>. Acesso em: 2 mar. 2018.

ALMEIDA, A. C. **A cabeça do eleitor**: estratégia de campanha, pesquisa e vitória eleitoral. 2. ed. Rio de Janeiro: Record, 2008.

ALMEIDA, R.; MARIANI, D.; DEMASI, B. O número de partidos políticos no Brasil e no mundo. **Nexo Jornal**, 4 jul. 2016. Disponível em: <https://www.nexojornal.com.br/grafico/2016/07/04/O-n%C3%BAmero-de-partidos-pol%C3%ADticos-no-Brasil-e-no-mundo>. Acesso em: 2 mar. 2018.

AMARAL, R. Eleições nos EUA: exemplo para quem? **Carta Capital**, 27 nov. 2012. Internacional. Disponível em: <https://www.cartacapital.com.br/internacional/eleicoes-nos-eua-exemplo-para-quem>. Acesso em: 2 mar. 2018.

ANASTASIA, F.; MELO, C. R.; SANTOS, F. G. M. **Governabilidade e representação política na América do Sul**. Rio de Janeiro: Konrad-Adenauer-Stiftung; São Paulo: Ed. da Unesp, 2004.

ANGELI, A. E. **Accountability e internet numa perspectiva comparada**: a atuação digital das controladorias públicas na América Latina. 127 f. Dissertação (Mestrado em Ciência Política) – Setor de Ciências Humanas, Letras e Artes, Universidade Federal do Paraná, Curitiba, 2017. Disponível em: <http://acervodigital.ufpr.br/bitstream/handle/1884/47942/R%20-%20D%20-%20ALZIRA%20ESTER%20ANGELI.pdf?sequence=1&isAllowed=y>. Acesso em: 2 mar. 2018.

ARAÚJO, C. Voto obrigatório. In: AVRITZER, L.; ANASTASIA, F. (Org.). **Reforma política no Brasil**. Belo Horizonte: Ed. da UFMG, 2006. p. 86-89.

ARAÚJO, C.; ALVES, J. E. D. Impactos de indicadores sociais e do sistema eleitoral sobre as chances das mulheres nas eleições e suas interações com as cotas. **Dados – Revista de Ciências Sociais**, Rio de Janeiro, v. 50, n. 3, p. 535-577, 2007. Disponível em: <http://www.scielo.br/pdf/dados/v50n3/04.pdf>. Acesso em: 2 mar. 2018.

AVRITZER, L.; ANASTASIA, F. (Org.). **Reforma política no Brasil**. Belo Horizonte: Ed. da UFMG, 2006.

BALMAS, M.; SHEAFER, T. Personalization of Politics. In: MAZZOLENI, G. (Ed.). **The International Encyclopedia of Political Communication**. v. 3. Hoboken (EUA): Wiley Blackwell, 2016. p. 944-952.

BAQUERO, M. Populismo e neopopulismo na América Latina: o seu legado nos partidos e na cultura política. **Sociedade e Cultura**, Goiânia, v. 13, n. 2, p. 181-192, 2010. Disponível em: <https://www.revistas.ufg.br/fchf/article/view/13421/8660>. Acesso em: 2 mar. 2018.

BLAIS, A.; MASSICOTTE, L. Electoral Formulas: a Macroscopic Perspective. **European Journal of Political Research**, v. 32, n. 1, p. 107-129, 1997.

_____. Electoral systems. In.: LEDUC, L.; NIEMI, R. G.; NORRIS, P. (Ed.). **Comparing Democracies 2**: New Challenges in the Study of Elections and Voting. London: Sage, 2002. p. 40-69.

BLUME, B. A. Câmara e Senado: qual a diferença? **Politize!**, 25 abr. 2016. Disponível em: <http://www.politize.com.br/camara-e-senado-qual-diferenca>. Acesso em: 2 mar. 2018

BOBBIO, N. **O futuro da democracia**: uma defesa das regras do jogo. Rio de Janeiro: Paz e Terra, 2009.

BRASIL. Constituição (1988). **Diário Oficial da União**, Brasília, DF, 5 out. 1988. Disponível em: <http://www.planalto.gov.br/ccivil_03/Constituicao/ConstituicaoCompilado.htm>. Acesso em: 2 mar. 2018.

BRASIL. Lei n. 4.737, de 15 de julho de 1965. **Diário Oficial da União**, Poder Executivo, Brasília, DF, 19 jul. 1965. Disponível em: <http://www.planalto.gov.br/ccivil_03/leis/L4737.htm>. Acesso em: 2 mar. 2018.

_____. Lei n. 9.096, de 19 de setembro de 1995. **Diário Oficial da União**, Poder Legislativo, Brasília, DF, 20 set. 1995a. Disponível em: <http://www.planalto.gov.br/ccivil_03/leis/L9096.htm>. Acesso em: 2 mar. 2018.

_____. Lei n. 9.100, de 29 de setembro de 1995. **Diário Oficial da União**, Poder Legislativo, Brasília, DF, 2 out. 1995b. Disponível em: <http://www.planalto.gov.br/ccivil_03/leis/L9100.htm>. Acesso em: 2 mar. 2018.

Fabrícia Almeida Vieira

BRASIL. Lei n. 9.504, de 30 de setembro de 1997. **Diário Oficial da União**, Poder Legislativo, Brasília, DF, 1 out. 1997. Disponível em: <http://www.planalto.gov.br/ccivil_03/leis/L9504.htm>. Acesso em: 2 mar. 2018.

_____. Lei n. 13.165, de 29 de setembro de 2015. **Diário Oficial da União**, Poder Legislativo, Brasília, DF, 29 set. 2015. Disponível em: <http://www.planalto.gov.br/ccivil_03/_ato2015-2018/2015/lei/l13165.htm>. Acesso em: 2 mar. 2018.

BRASIL. Senado Federal. DataSenado. **Quem somos**. Disponível em: <http://www.senado.gov.br/senado/datasenado/institucional.asp>. Acesso em: 2 mar. 2018a.

BRASIL. Senado Federal. Secretaria Especial de Comunicação Social. Secretaria de Pesquisa e Opinião Pública. **Pesquisa de opinião pública nacional**: o eleitor e a reforma política. Brasília, jun. 2007. Disponível em: <https://www12.senado.leg.br/institucional/datasenado/arquivos/o-eleitor-e-a-reforma-politica>. Acesso em: 2 mar. 2018.

BRASIL. Tribunal Superior Eleitoral. **Eleitor e eleições**. Disponível em: <http://www.tse.jus.br/eleitor-e-eleicoes>. Acesso em: 2 mar. 2018b.

_____. **Estatísticas eleitorais**: eleições anteriores. Disponível em: <http://www.tse.jus.br/eleitor-e-eleicoes/estatisticas/eleicoes/eleicoes-anteriores/estatisticas-candidaturas-2014/estatisticas-eleitorais-2014-resultados>. Acesso em: 2 mar. 2018c.

_____. **Estatísticas eleitorais 2014**. Disponível em: <http://www.tse.jus.br/eleitor-e-eleicoes/estatisticas/eleicoes/eleicoes-anteriores/estatisticas-candidaturas-2014/estatisticas-eleitorais-2014-resultados>. Acesso em: 2 mar. 2018d.

BRASIL. Senado Federal. Secretaria Especial de Comunicação Social. Secretaria de Pesquisa e Opinião Pública. **Registro de candidatos**. Disponível em: <http://www.tse.jus.br/eleitor-e-eleicoes/processo-eleitoral-brasileiro/candidaturas/registro-de-candidatos>. Acesso em: 2 mar. 2018e.

_____. **Resultado da eleição 2006**. Disponível em: <http://www.tse.jus.br/eleitor-e-eleicoes/eleicoes/eleicoes-anteriores/eleicoes-2006/candidaturas-e-resultados/resultado-da-eleicao-2006>. Acesso em: 2 mar. 2018f.

BRITO, M. **Atlas das eleições presidenciais no Brasil**. Disponível em: <https://sites.google.com/site/atlaseleicoespresidenciais/>. Acesso em: 2 mar. 2018a.

_____. **Atlas das eleições presidenciais no Brasil**: Eleições de 1955. Disponível em: <https://sites.google.com/site/atlaseleicoespresidenciais/eleio-de-1955>. Acesso em: 2 mar. 2018.

CAREY, J. M.; SHUGART, M. S. Incentives to Cultivate a Personal Vote: a Rank Ordering of Electoral Formulas. **Electoral Studies**, v. 14, n. 4, p. 417-439, 1995.

CARLOMAGNO, M. C. Cenários para a reforma política: simulações a partir da adoção do "distritão" e do fim das coligações nas eleições proporcionais. **Observatório de Elites Políticas e Sociais do Brasil**, Newsletter, v. 2, n. 6, mar. 2015. Disponível em: <http://bibliotecadigital.tse.jus.br/xmlui/bitstream/handle/bdtse/2587/cen%C3%A1rios_reforma_pol%C3%ADtica_carlomagno.pdf?sequence=1&isAllowed=y>. Acesso em: 2 mar. 2018.

CARLOMAGNO, M. C. Sistema proporcional, puxador de votos e um problema inexistente: os mais votados já são os que se elegem. **Observatório de Elites Políticas e Sociais do Brasil**, Newsletter, v. 3, n. 10, jul. 2016. Disponível em: <http://observatory-elites.org/wp-content/uploads/2012/06/newsletter-Observatorio-v.-3-n.-10.pdf>. Acesso em: 2 mar. 2018.

CARREIRÃO, Y. de S. Ideologia e partidos políticos: um estudo sobre coligações em Santa Catarina. **Opinião Pública**, Campinas, v. 12, n. 1, p. 136-163, abr./maio 2006. Disponível em: <http://www.scielo.br/pdf/op/v12n1/29401.pdf>. Acesso em: 2 mar. 2018.

CARVALHO, K. de. **Cláusula de barreira e funcionamento parlamentar.** Brasília, Câmara dos Deputados, fev. 2003. Disponível em: <http://www2.camara.leg.br/a-camara/documentos-e-pesquisa/estudos-e-notas-tecnicas/arquivos-pdf/pdf/300188.pdf>. Acesso em: 2 mar. 2018.

CASADO, J. Pesquisa mostra que eleitores rejeitam políticos investigados por corrupção. **O Globo**, 31 jul. 2017. Disponível em: <https://oglobo.globo.com/brasil/pesquisa-mostra-que-eleitores-rejeitam-politicos-investigados-por-corrupcao-21649512>. Acesso em: 2 mar. 2018.

CAVALCANTE, P.; TURGEON, M. **Desproporcionalidade da representação na Câmara dos Deputados**: análise dos efeitos sobre o sistema partidário no Brasil. Texto para discussão n. 2128. Rio de Janeiro: Ipea, 2015. Disponível em: <http://www.ipea.gov.br/portal/images/stories/PDFs/TDs/td_2128.pdf>. Acesso em: 2 mar. 2018.

CINTRA, A. O. Majoritário ou proporcional? Em busca do equilíbrio na construção de um sistema eleitoral. In: FLEISCHER, D. et al. **Reforma política**: agora vai? Rio de Janeiro: Fundação Konrad Adenauer, 2005. p. 61-93. (Cadernos Adenauer, n. 2). Disponível em: <http://www.kas.de/wf/doc/9790-1442-5-30.pdf>. Acesso em: 2 mar. 2018.

CODATO, A.; COSTA, L. D. O que é presidencialismo de coalizão? **Sociologia Política**, 17 dez. 2006. Disponível em: <http://adrianocodato.blogspot.com.br/2006/12/o-que-o-presidencialismo-de-coalizo.html>. Acesso em: 2 mar. 2018.

COLEN, C. M. L. As covariantes da confiança política na América Latina. **Opinião Pública**, Campinas, v. 16, n. 1, p. 1-27, jun. 2010. Disponível em: <http://www.scielo.br/pdf/op/v16n1/a01v16n1.pdf>. Acesso em: 2 mar. 2018.

COLOMER, J. M. Son los partidos los que eligen los sistemas electorales (o las leyes de Duverger cabeza abajo). **Revista Española de Ciência Política**, n. 9, p. 39-63, oct. 2003. Disponível em: <https://recyt.fecyt.es/index.php/recp/article/download/37346/20864>. Acesso em: 2 mar. 2018.

CONEGLIAN, O. **Lei das Eleições comentada**. Curitiba: Juruá, 2002.

COSTA, L. D. A eficácia de votar. **Gazeta do Povo**, 30 dez. 2013. Disponível em: <http://www.gazetadopovo.com.br/opiniao/conteudo.phtml?id=1436618&tit=A-eficacia-de-votar>. Acesso em: 2 mar. 2018.

DAHL, R. A. **Poliarquia**: participação e oposição. Tradução de Celso Mauro Paciornik. São Paulo: Edusp, 2005. (Coleção Clássicos, v. 9).

Fabrícia Almeida Vieira

DALMORO, J.; FLEISCHER, D. Eleição proporcional: os efeitos das coligações e o problema da proporcionalidade. In: KRAUSE, S.; SCHMITT, R. (Org.). **Partidos e coligações eleitorais no Brasil**. São Paulo: Fundação Adenauer/Ed. da Unesp, 2005. p. 85-114.

DANTAS, H.; PRAÇA, S. Coligações entre partidos nas eleições municipais de 2004 e 2008. Estudo de caso (DEM/PFL e PT). **Revista On-Line Liberdade e Cidadania**, n. 17, ano 4, p. 1-12, jul./set. 2012. Disponível em: <http://www.flc.org.br/revista/arquivos/145439932891414.pdf>. Acesso em: 2 mar. 2018.

DESPOSATO, S. W. Reforma política brasileira: o que precisa ser consertado, o que não precisa e o que fazer. In: NICOLAU, J. M.; POWER, T. (Org.). **Instituições representativas no Brasil**: balanço e reforma. Belo Horizonte: Ed. da UFMG, 2007. p. 123-153.

DID BALLOT Order Decide the 2010 Australian Federal Election? **HumansinDesign**, 23 ago. 2011. Disponível em: <http://humansindesign.com/post/9282635661/did-ballot-order-decide-the-2010-australian>. Acesso em: 2 mar. 2018.

DUFLOTH, S. C.; FREITAS, D. R. R. **A evolução do voto eletrônico no sistema eleitoral brasileiro**. Texto para discussão. Belo Horizonte: Fundação João Pinheiro, 2013. Disponível em: <http://www.eg.fjp.mg.gov.br/index.php/docman/publicacoes-2013/5-a-evolucao-do-voto-eletronico-no-brasil/file>. Acesso em: 2 mar. 2018.

DUVERGER, M. **Os partidos políticos**. Rio de Janeiro: Forense, 1968.

FERREIRA, D. P.; BATISTA, C. M.; STABILE, M. A evolução do sistema partidário brasileiro: número de partidos e votação no plano subnacional 1982-2006. **Opinião Pública**, Campinas, v. 14, n. 2, nov. 2008. Disponível em: <http://www.scielo.br/pdf/op/v14n2/07.pdf>. Acesso em: 2 mar. 2018.

FIGUEIREDO, A.; LIMONGI, F. Poder de agenda na democracia brasileira: desempenho do governo no presidencialismo de coalizão. In: SOARES, G.; RENNÓ, L. (Ed.). **Reforma política**: lições da história recente. Rio de Janeiro: Ed. da FGV, 2006. p. 249-280.

FLEISCHER, D. Coligações eleitorais. In: AVRITZER, L.; ANASTASIA, F. (Org.). **Reforma política no Brasil**. Belo Horizonte: Ed. da UFMG, 2006. p. 142-146.

FLEISCHER, D. et al. **Reforma política**: agora vai? Rio de Janeiro: Fundação Konrad Adenauer, 2005.

FREIRE, A. Círculos eleitorais, cláusulas-barreira e limiares de representação. In: FREIRE, A.; LOPES, F. F. (Org.). **Partidos políticos e sistemas eleitorais**: uma introdução. Oeiras: Celta, 2002. p. 135-143.

FRENCH REPUBLIC. **Legislative Elections of 10 and 17 June 2012**. Disponível em: <http://psephos.adam-carr.net/countries/f/france/2012/2012leg01.txt>. Acesso em: 2 mar. 2018.

GALLAGHER, M.; MITCHELL, P. Introduction to Electoral Systems. In.: _____. (Ed.). **The Politics of Electoral Systems**. Oxford: Oxford University Press, 2005. p. 3-23.

G1. **Raio X das coligações partidárias**. Eleições 2014. 2014. Disponível em: <http://g1.globo.com/politica/eleicoes/2014/coligacoes-partidarias/infografico/>. Acesso em: 2 mar. 2018.

Fabrícia Almeida Vieira

GOMES, J. J. **Direito eleitoral**. 8. ed. rev., atual. e ampl. São Paulo: Atlas, 2012.

GOMES, W. **Transformações da política na era da comunicação de massa**. São Paulo: Paulus, 2004.

_____. A democracia digital e o problema da participação civil na decisão política. **Fronteiras – Estudos Midiáticos**, v. 8, n. 3, p. 214-222, set./dez. 2005. Disponível em: <http://revistas.unisinos.br/index.php/fronteiras/article/view/6394/3537>. Acesso em: 2 mar. 2018.

GROSSI, M. P.; MIGUEL, S. M. Transformando a diferença: as mulheres na política. **Estudos Feministas**, Florianópolis, v. 9, n. 1, p. 167-206, 2001. Disponível em: <http://www.scielo.br/pdf/ref/v9n1/8609.pdf>. Acesso em: 2 mar 2018.

IDEA – International Institute for Democracy and Electoral Assistance. **Electoral System Family**. Disponível em: <https://www.idea.int/data-tools/question-view/130357>. Acesso em: 2 mar. 2018.

IPU – Inter-Parliamentary Union. **Les femmes dans les parlements nationaux**. Disponível em: <http://archive.ipu.org/wmn-f/classif.htm>. Acesso em: 2 mar. 2018a.

_____. **Parline database on national parliaments**. Disponível em: <http://archive.ipu.org/parline-e/parlinesearch.asp>. Acesso em: 2 mar. 2018.

ITUASSU, A. E-representação como teoria política: comunicação social, internet e democracia representativa. In: ENCONTRO ANUAL DA COMPÓS, 23., 2014, Belém. **Anais**... Belém: UFBA, 2014. Disponível em: <http://compos.org.br/encontro2014/anais/Docs/GT05_COMUNICACAO_E_POLITICA/ituassu_compos_2014b_2170.pdf>. Acesso em: 2 mar. 2018.

JAPAN. **The House of Representatives**. Disponível em: <http://www.shugiin.go.jp/internet/index.nsf/html/index_e.htm>. Acesso em: 2 mar. 2018.

KINZO, M. D. Legislação eleitoral, sistema partidário e reforma política. **Política & Sociedade**, v. 2, n. 2, p. 11-21, abr. 2003. Disponível em: <https://periodicos.ufsc.br/index.php/politica/article/download/4952/4311>. Acesso em: 2 mar. 2018.

_____. Os partidos no eleitorado: percepções públicas e laços partidários no Brasil. **Revista Brasileira de Ciências Sociais**, v. 20, n. 57, p. 65-81, 2005. Disponível em: <http://www.scielo.br/pdf/rbcsoc/v20n57/a05v2057.pdf>. Acesso em: 2 mar. 2018.

KRAUSE, S. Reforma política no Brasil: uma "velha" questão com "novos" desafios? **Sociedade e Cultura**, v. 11, n. 1, p. 123-130, jan./jun. 2008. Disponível em: <https://www.revistas.ufg.br/fchf/article/viewFile/4479/3879>. Acesso em: 2 mar. 2018.

LAAKSO, M.; TAAGEPERA, R. "Effective" Number of Parties: a Measure with Application to West Europe. **Comparative Political Studies**, v. 12, n. 1, p. 3-27, 1979.

LATINOBARÓMETRO. Disponível em: <http://www.latinobarometro.org/lat.jsp>. Acesso em: 2 mar. 2018.

LIJPHART, A. **Electoral Systems and Party Systems**: a Study of Twenty-Seven Democracies, 1945-1990. Oxford: Oxford Scholarship Online, 2011.

_____. **Modelos de democracia**: desempenho e padrões de governo em 36 países. Tradução de Roberto Franco. Rio de Janeiro: Civilização Brasileira, 2003.

LIMONGI, F. A democracia no Brasil: presidencialismo, coalizão partidária e processo decisório. **Novos Estudos Cebrap**, São Paulo, n. 76, p. 17-41, nov. 2006. Disponível em: <http://www.scielo.br/pdf/nec/n76/02.pdf>. Acesso em: 2 mar. 2018.

Fabrícia Almeida Vieira

LITUÂNIA. Câmara dos Deputados. Disponível em: <http://www.lrs.lt/>. Acesso em: 2 mar. 2018.

LLANOS, M.; LÓPEZ, F. S. **Councils of Elders?** The Senate and its Members in the Southern Cone. Hamburg: Institut für Iberoamerika-Kunde, 2004. Disponível em: <https://www.files.ethz.ch/isn/46969/arbeitspapiere17e.pdf>. Acesso em: 14 fev. 2018.

LOUREIRO, M. R. Interpretações contemporâneas da representação. **Revista Brasileira de Ciência Política**, Brasília, n. 1, p. 63-93, jan.-jun. 2009. Disponível em: <http://periodicos.unb.br/index.php/rbcp/article/view/6594/5320>. Acesso em: 2 mar. 2018.

MACHADO, M. C. **Ranking de presença feminina no Parlamento 2017.** Disponível em: <http://www.marlenecamposmachado.com.br/documentos/pequisa-presenca-feminina-no-parlamento.pdf>. Acesso em: 2 mar. 2018.

MAINWARING, S. Políticos, partidos e sistemas eleitorais: o Brasil numa perspectiva comparativa. Tradução de Otacílio F. Nunes Júnior. **Novos Estudos Cebrap**, São Paulo, n. 29, p. 34-58, mar. 1991. Disponível em: <http://novosestudos.uol.com.br/produto/edicao-29/>. Acesso em: 2 mar. 2018.

_____. **Sistemas partidários em novas democracias**: o caso do Brasil. Rio de Janeiro: Ed. da FGV; Porto Alegre: Mercado Aberto, 2001.

MANIN, B. A democracia do público reconsiderada. Tradução de Otacílio Nunes. **Novos Estudos**, São Paulo, n. 97, p. 114-127, nov. 2013. Disponível em: <http://www.scielo.br/pdf/nec/n97/08.pdf>. Acesso em: 2 mar. 2018.

_____. As metamorfoses do governo representativo. Tradução de Vera Pereira. **Revista Brasileira de Ciências Sociais**, São Paulo, ano 10, n. 29, p. 5-34, out. 1995a.

MANIN, B. **Principes du gouvernement représentatif**. Paris: Calman-Lévy, 1995b.

MANIN, B.; PRZEWORSKI, A.; STOKES, S. C. Eleições e representação. Tradução de Felipe Duch. **Lua Nova**, São Paulo, n. 67, p. 105-138, 2006. Disponível em: <http://www.scielo.br/pdf/ln/n67/a05n67.pdf>. Acesso em: 2 mar. 2018.

MARQUES, F. P. J. A. A ideia de democracia em perspectiva: crise, avanços e desafios. **Revista On-line Liberdade e Cidadania**, ano II, n. 5, jul./set. 2009. Disponível em: <http://www.repositorio.ufc.br/bitstream/riufc/648/1/2009_art_%20fpjamarques_r-onlinelici.pdf>. Acesso em: 2 mar. 2018.

MATA, M.; CASTRO, M. de. Cláusula de barreira. In: AVRITZER, L.; ANASTASIA, F. (Org.). **Reforma política no Brasil**. Belo Horizonte: Ed. da UFMG, 2006. p. 188-191.

MEDEIROS, P. **Uma introdução à teoria da democracia**. Curitiba: InterSaberes, 2016.

MELO, C. R. Reforma política em perspectiva comparada na América do Sul. In: AVRITZER, L.; ANASTASIA, F. (Org.). **Reforma política no Brasil**. Belo Horizonte: Ed. da UFMG, 2006. p. 45-62.

MICHELS, R. **Sociologia dos partidos políticos**. Brasília: Ed. da UnB, 1982

MIGUEL, L. F. Representação política em 3-D: elementos para uma teoria ampliada da representação política. **Revista Brasileira de Ciências Sociais**, São Paulo, v. 18, n. 51, p. 123-193, fev. 2003. Disponível em: <http://www.scielo.br/pdf/rbcsoc/v18n51/15989.pdf>. Acesso em: 2 mar. 2018.

Fabrícia Almeida Vieira

MIGUEL, L. F. Teoria política feminista e liberalismo: o caso das cotas de representação. **Revista Brasileira de Ciências Sociais**, São Paulo, v. 15, n. 44, p. 91-102, out. 2000. Disponível em: <http://www.spm.gov.br/assuntos/poder-e-participacao-politica/programas-acoes/acoes-e-alternativas/teoriapoliticafeministaliberalismo.pdf>. Acesso em: 2 mar. 2018.

MIGUEL, L. F.; ASSIS, P. P. F. B. de. Coligações eleitorais e fragmentação das bancadas parlamentares no Brasil: simulações a partir das eleições de 2014. **Revista de Sociologia e Política**, Curitiba, v. 24, n. 60, p. 29-46, dez. 2016. Disponível em: <http://www.scielo.br/pdf/rsocp/v24n60/0104-4478-rsocp-24-60-0029.pdf>. Acesso em: 2 mar. 2018.

MIGUEL, L. F.; MACHADO, C. Um equilíbrio delicado: a dinâmica das coligações do PT em eleições municipais (2000 e 2004). **Dados – Revista de Ciências Sociais**, Rio de Janeiro, v. 50, n. 4, p. 757-793, 2007. Disponível em: <http://www.scielo.br/pdf/dados/v50n4/v50n4a05.pdf>. Acesso em: 2 mar. 2018

MOISÉS, J. A.; CARNEIRO, G. P. Democracia, desconfiança política e insatisfação com o regime: o caso do Brasil. **Opinião Pública**, Campinas, v. 14, n. 1, p. 1-42, jun. 2008. Disponível em: <http://www.scielo.br/pdf/op/v14n1/01.pdf>. Acesso em: 2 mar. 2018.

MOTTA, R. P. S. **Introdução à história dos partidos políticos brasileiros**. 2. ed. rev. Belo Horizonte: Ed. da UFMG, 1999.

NICOLÁS, M. A. **Internet, parlamentares e contexto off-line**: websites parlamentares em contextos institucionais diferentes. 164 f. Tese (Doutorado em Sociologia) – Setor de Ciências Humanas, Letras e Artes, Universidade Federal do Paraná, Curitiba, 2015. Disponível em: <http://acervodigital.ufpr.br/bitstream/handle/1884/37239/R%20-%20T%20-%20MARIA%20ALEJANDRA%20NICOLAS.pdf?sequence=3&isAllowed=y>. Acesso em: 2 mar. 2018.

NICOLAU, J. M. As distorções na representação dos estados na Câmara dos Deputados brasileira. **Dados – Revista de Ciências Sociais**, Rio de Janeiro, v. 40, n. 3, jan. 1997. Disponível em: <http://www.scielo.br/scielo.php?script=sci_arttext&pid=S0011-52581997000300006>. Acesso em: 2 mar. 2018.

_____. Como aperfeiçoar a representação proporcional no Brasil. **Revista Cadernos de Estudos Sociais e Políticos,** Rio de Janeiro, v. 4, n. 7, p. 101-121, jan./jun. 2015. Disponível em: <http://www.e-publicacoes.uerj.br/index.php/CESP/article/view/18998/13820>. Acesso em: 2 mar. 2018.

_____. Lista aberta – lista fechada. In: AVRITZER, L.; ANASTASIA, F. (Org.). **Reforma política no Brasil**. Belo Horizonte: Ed. da UFMG, 2006a. p. 133-136.

_____. **Multipartidarismo e democracia**: um estudo sobre o sistema partidário brasileiro (1985-94). Rio de Janeiro: Ed. da FGV, 1996.

_____. O sistema eleitoral de lista aberta no Brasil. **Dados – Revista de Ciências Sociais**, Rio de Janeiro, v. 49, n. 4, p. 689-720, 2006b. Disponível em: <http://www.scielo.br/pdf/dados/v49n4/02.pdf>. Acesso em: 2 mar. 2018.

Fabrícia Almeida Vieira

NICOLAU, J. M. Reforma eleitoral no Brasil: impressões sobre duas décadas de debate. **Em Debate**, Belo Horizonte, v. 5, n. 5, p. 7-16, dez. 2013. Disponível em: <http://ifch.ufpa.br/REFORMA%20ELEITORAL%20NO%20BRASIL%20-%20JAIRO%20NICOLAU>. Acesso em: 2 mar. 2018.

_____. **Sistemas eleitorais**. 6. ed. atual. Rio de Janeiro: Ed. da FGV, 2012.

NICOLAU, J. M.; SCHMITT, R. A. Sistema eleitoral e sistema partidário. **Lua Nova**, n. 36, p. 129-147, nov. 1995. Disponível em: <http://www.scielo.br/pdf/ln/n36/a08n36.pdf>. Acesso em: 2 mar. 2018.

NORRIS, P. **Critical Citizens**: Global Support for Democratic Governance. New York: Oxford University Press, 1999.

_____. **Digital Divide**: Civic Engagement, Information Poverty, and the Internet Worldwide. Cambridge: Cambridge University Press, 2001.

_____. **Electoral Engineering**: Voting Rules and Political Behavior. Cambridge: Cambridge University Press, 2004.

O DILEMA do voto obrigatório. **Em discussão**, Brasília, n. 24, fev. 2015. Disponível em: <https://www12.senado.leg.br/emdiscussao/edicoes/reforma-politica/coligacoes-reeleicao-e-voto-facultativo/o-dilema-do-voto-obrigatorio>. Acesso em: 2 mar. 2018.

OLIVEIRA, C. S. de. **A representação política ao longo da história**. Brasília: Fundação Milton Campos, 2000.

OLIVEIRA, R. A. de. Os condicionantes da sub-representação feminina na América Latina. In: ENCONTRO DA ASSOCIAÇÃO BRASILEIRA DE CIÊNCIA POLÍTICA (ABCP), 10., 2016, Belo Horizonte. **Anais**... Belo Horizonte: UFMG, 2016. Disponível em: <https://cienciapolitica.org.br/system/files/documentos/eventos/2017/04/condicionantes-sub-representacao-feminina-america-latina-943.pdf>. Acesso em: 2 mar. 2018.

PAIVA, D.; BRAGA, M. do S. S.; PIMENTEL JUNIOR, J. T. P. Eleitorado e partidos políticos no Brasil. **Opinião Pública**, Campinas, v. 13, n. 2, p. 388-408, nov. 2007. Disponível em: <http://www.scielo.br/pdf/op/v13n2/a07v13n2.pdf>. Acesso em: 2 mar. 2018.

PARANÁ. Tribunal Regional Eleitoral. **Distribuição do Eleitorado por Município/Zona**. 14 nov. 2017. Disponível em: <http://www.justicaeleitoral.jus.br/arquivos/tre-pr-elo-cadastro-eleitoral-eleitorado-ordenado-por-municipio>. Acesso em: 12 dez. 2017.

PATEMAN, C. **Participação e teoria democrática**. Rio de Janeiro: Paz e Terra, 1992.

PÉCORA, L. Entenda as eleições legislativas dos Estados Unidos. **Último Segundo**, São Paulo, 30 out. 2010. Disponível em: <http://ultimosegundo.ig.com.br/mundo/entenda-as-eleicoes-legislativas-dos-estados-unidos/n1237814525447.html>. Acesso em: 2 mar. 2018.

PERES, P. S. Revisitando a teoria geral dos partidos de Maurice Duverger. **Revista Brasileira de Informação Bibliográfica em Ciências Sociais**, n. 68, p. 17-58, jul./dez. 2009. Disponível em: <http://www.anpocs.org/index.php/edicoes-anteriores/bib-68/623-bib-68-integra/file>. Acesso em: 2 mar. 2018.

Fabrícia Almeida Vieira

PITKIN, H. F. Representação: palavras, instituições e ideias. Tradução de Wagner Pralon Mancuso e Pablo Ortellado. **Lua Nova**, São Paulo, v. 67, p. 15-47, 2006. Disponível em: <http://www.scielo.br/pdf/ln/n67/a03n67.pdf>. Acesso em: 2 mar. 2018.

_____. **The Concept of Representation**. Berkeley: University of California Press, 1967.

PONTES, R. C. M.; VAN HOLTHE, L. O. **O sistema eleitoral alemão após a reforma de 2013 e a viabilidade de sua adoção no Brasil**. Brasília: Câmara dos Deputados, 2015. Disponível em: <http://www2.camara.leg.br/a-camara/ documentos-e-pesquisa/estudos-e-notas-tecnicas/ areas-da-conle/tema6/2015_1531-sistema-eleitoral-alemao-leo-van-holthe-e-roberto-pontes>. Acesso em: 2 mar. 2018.

POR QUE Hillary perdeu a eleição mesmo recebendo mais votos que Trump. **BBC Brasil**, 11 nov. 2016. Disponível em: <http:// www.bbc.com/portuguese/internacional-37948302>. Acesso em: 2 mar. 2018.

POWER, T. J.; JAMISON, G. D. Desconfiança política na América Latina. Tradução de Pedro Maia Soares. **Opinião Pública**, Campinas, v. 11, n. 1, p. 64-93, mar. 2005. Disponível em: <http://www.scielo.br/pdf/op/v11n1/23695.pdf>. Acesso em: 2 mar. 2018.

RABAT, M. N. Surgimento e evolução do sistema eleitoral proporcional atualmente em vigor no Brasil. **Cadernos Aslegis**, Brasília, n. 50, p. 25-35, set./dez. 2014. Disponível em: <http:// bd.camara.gov.br/bd/bitstream/handle/bdcamara/27379/ surgimento_evolucao_rabat.pdf?sequence=1>. Acesso em: 2 mar. 2018.

RAE, D. W. **The Political Consequences of Electoral Laws**. New Haven: Yale University Press, 1967.

REBELLO, M. M. A fragmentação partidária no Brasil: visões e tendências. In: ENCONTRO DA ANUAL DA ASSOCIAÇÃO NACIONAL DE PÓS-GRADUAÇÃO E PESQUISA EM CIÊNCIAS SOCIAIS (ANPOCS), 36., 2012, São Paulo. **Anais**... São Paulo, Anpocs, 2012. Disponível em: <https://anpocs.com/index.php/encontros/papers/36-encontro-anual-da-anpocs/gt-2/gt10-2/7955-a-fragmentacao-partidaria-no-brasil-visoes-e-tendencias/file>. Acesso em: 2 mar. 2018.

_____. **Partidos e governos nas sombras**: clareza de responsabilidade, responsabilização eleitoral e sistema partidário no Brasil. 204 f. Tese (Doutorado em Ciência Política) – Universidade Federal do Rio Grande do Sul, Porto Alegre, 2013. Disponível em: <http://www.lume.ufrgs.br/bitstream/handle/10183/90166/000911620.pdf?sequence=1>. Acesso em: 2 mar. 2018.

REINOLDS, A.; REIILY, B.; ELLIS, A. **Electoral System Design**: The New International IDEA Handbook. Stockholm: International Institute for Democracy and Electoral Assistance, 2005.

RENNÓ, L. R.; HOEPERS, B. Voto estratégico punitivo: transferência de votos nas eleições presidenciais de 2006. **Novos Estudos Cebrap**, São Paulo, n. 86, p. 141-161, mar. 2010. Disponível em: <http://www.scielo.br/pdf/nec/n86/n86a08.pdf>. Acesso em: 2 mar. 2018.

REPUBLIC OF KOREA. **The National Assembly**. Disponível em: <http://korea.assembly.go.kr/>. Acesso em: 2 mar. 2018.

Fabrícia Almeida Vieira

REPUBLIC OF THE PHILIPPINES. **House of Representatives**. Disponível em: <http://www.congress.gov.ph/>. Acesso em: 2 mar. 2018.

ROCHA, A. de P. P. Sistemas eleitorais. **Revista Jus Navigandi**, Teresina, ano 15, n. 2560, jul. 2010. Disponível em: <http://jus.com.br/artigos/16930>. Acesso em: 2 mar. 2018.

RODRIGUES, L. M. Os partidos brasileiros representam algo? In: _____. **Partidos, ideologia e composição social**: um estudo das bancadas partidárias na Câmara dos Deputados. Rio de Janeiro: Centro Edelstein de Pesquisas Sociais, 2009. p. 16-36.

SACCHET, T. Capital social, gênero e representação política no Brasil. **Opinião Pública**, Campinas, v. 15, n. 2, p. 306-332, nov. 2009. Disponível em: <http://www.scielo.br/pdf/op/v15n2/02.pdf>. Acesso em: 2 mar. 2018.

SANTOS, F. Governos de coalizão no sistema presidencial: o caso do Brasil sob a égide da Constituição de 1988. In: AVRITZER, L.; ANASTASIA, F. (Org.). **Reforma política no Brasil**. Belo Horizonte: Ed. da UFMG, 2006. p. 223-236.

SANTOS, W. **Décadas de espanto e uma apologia democrática**. Rio de Janeiro: Rocco, 1998.

SARTORI, G. **Partidos políticos e sistemas partidários**. Rio Brasília: Ed. da UnB, 1982.

_____. Political Development and Political Engineering. In: MONTGOMERY, J. D.; HIRSCHMAN, A. O. (Ed.). **Public policy**. Cambridge: Harvard University Press, 1968.

SCHEINER, E. **Democracy without Competition in Japan**: Opposition Failure in a One-Party Dominant State. New York: Cambridge University Press, 2006.

SÉNEGAL. **Assemblée Nationale**. Disponível em: <http://www. assemblee-nationale.sn/index.html?p=active85>. Acesso em: 2 mar. 2018.

SILVA, V. A. da. Partidos e reforma política. **Revista Brasileira de Direito Público**, v. 11, p. 9-19, 2005. Disponível em: <https://constituicao.direito.usp.br/wp-content/ uploads/2005-RBDP11-Partidos_e_reforma.pdf>. Acesso em: 2 mar. 2018.

SOARES, M. M.; LOURENÇO, L. C. A representação política dos estados na federação brasileira. **Revista Brasileira de Ciências Sociais**, v. 19, n. 56, p. 113-154, 2004. Disponível em: <http:// www.scielo.br/pdf/rbcsoc/v19n56/a08v1956.pdf>. Acesso em: 2 mar. 2018.

SOARES, P. H. **Vantagens e desvantagens do voto obrigatório e do voto facultativo**. Texto para Discussão n. 6. Brasília: Consultoria Legislativa do Senado Federal, 2004. Disponível em: <http://www12.senado.gov.br/publicacoes/ estudos-legislativos/tipos-de-estudos/textos-para-discussao/ td-6-vantagens-e-desvantagens-do-voto-obrigatorio-e-do-voto-facultativo>. Acesso em: 2 mar. 2018.

SOUZA, C. A.; CAVALCANTE, M. J. S. Padrões geográficos das coligações eleitorais no Brasil: uma análise pela perspectiva ideológica dos partidos políticos – 2002 e 2006. In: ENCONTRO DA ANUAL DA ASSOCIAÇÃO NACIONAL DE PÓS-GRADUAÇÃO E PESQUISA EM CIÊNCIAS SOCIAIS (ANPOCS), 36., 2012, São Paulo. **Anais**... São Paulo, Anpocs, 2012.

SPECK, B. W. Astronomia e reforma política. **Em Debate**, Belo Horizonte, v. 5, n. 4, p. 7-19, out. 2013.

Fabrícia Almeida Vieira

TAAGEPERA, R.; SHUGART, M. **Seats and votes**: the effects and determinants of electoral systems. New Haven: Yale University Press, 1990.

TAIWAN. **Legislative Yuan**. Disponível em: <http://www.ly.gov.tw/en/innerIndex.action>. Acesso em: 2 mar. 2018.

TAVARES, J. A. G. A mediação dos partidos na democracia representativa brasileira. In: TAVARES. J. A. G. (Org.). **O sistema partidário na consolidação da democracia brasileira**. Brasília: Fundação Teotônio Vilela, 2003. p. 267-395.

_____. **Sistemas eleitorais nas democracias contemporâneas**: teoria, instituições, estratégias. Rio de Janeiro: Relume-Dumará, 1994.

THE WHITE HOUSE. **Our Government**: Elections & Voting. Disponível em: <https://www.whitehouse.gov/1600/elections-and-voting>. Acesso em: 2 mar. 2018.

UNITED STATES CENSUS BUREAU. **Congressional Apportionment**. Nov. 2011. Disponível em: <https://www.census.gov/prod/cen2010/briefs/c2010br-08.pdf>. Acesso em: 2 mar. 2018.

URBINATI, N. **Representative Democracy**: Principles and Genealogy. Chicago: University Chicago Press, 2006.

VANHOENACKER, M. The Election Disaster That Wasn't. **Slate**, 19 jan. 2013. Disponível em: <http://www.slate.com/articles/arts/design/2013/01/ballot_design_america_s_elections_depend_on_confusing_badly_designed_ballots.html>. Acesso em: 2 mar. 2018.

VIANA, J. P. S. L. Fragmentação partidária e a cláusula de barreira: dilemas do sistema político brasileiro. **Pensar**, Fortaleza, v. 13, n. 1, p. 125-135, jan./jun. 2008. Disponível em: <http://hp.unifor.br/pdfs_notitia/2523.pdf>. Acesso em: 2 mar. 2018.

VIEIRA, F. A. **Parlamentares e internet**: uma análise comparada do perfil de uso das tecnologias digitais por deputados federais e senadores do Brasil, Chile e Uruguai. 128 f. Dissertação (Mestrado em Ciência Política) – Universidade Federal do Paraná, Curitiba, 2017. Disponível em: <http://acervodigital.ufpr.br/bitstream/handle/1884/47314/R%2-%20D%20-%20FABRICIA%20ALMEIDA%20VIEIRA.pdf?sequence=1&isAllowed=y>. Acesso em: 2 mar. 2018.

VIEIRA, F. A.; EDUARDO, M. C. Mulheres online: análise comparativa do uso da internet pelas candidatas e candidatos ao Legislativo paranaense nas eleições de 2014. In: ENCONTRO DE PESQUISA EM COMUNICAÇÃO, 7., 2015, Curitiba. **Anais**... Curitiba: Ed. da UFPR, 2015a. p. 1084-1099.

_____. Perfil socioeconômico dos candidatos e eleitos na disputa para deputado estadual do Paraná em 2014. **Observatório de Elites Políticas e Sociais do Brasil**, v. 2, n. 11, p. 1-13, 2015b. Disponível em: <http://observatory-elites.org/wp-content/uploads/2012/06/newsletter-Observatorio-v.-2-n.-11.pdf>. Acesso em: 2 mar. 2018.

WEBER, M. **Economia e sociedade**. Brasília: Ed. da UnB, 2009. v. 2.

Respostas

Capítulo 1

Questões para revisão

1. Ao evoluir para as democracias indiretas ou contemporâneas, a democracia direta se tornou inviável. A extensão territorial foi ampliada, o número de cidadãos ficou muito maior, e o tempo deles para participar foi reduzido. Essas características são as principais distinções entre os dois tipos de democracia e também representam as limitações para a continuidade do exercício da democracia direta nas sociedades contemporâneas.

    A representação política passou a ser a característica basilar das democracias indiretas, de forma que representantes são eleitos para falar e decidir no lugar dos cidadãos que estão ausentes do processo e das discussões políticas. Manin (1995a) explica que a representação política passou por diversas modificações durante o século XX. Na democracia de partidos, período compreendido na primeira metade desse século, os partidos eram os atores políticos centrais da democracia representativa, os quais influenciavam diretamente os eleitores, que votavam baseados na identificação partidária. Já na segunda metade do século XX, a representação política foi remodelada. A democracia de público refere-se a um período em que os cidadãos passaram a ser mais informados pelos meios de comunicação, e as organizações partidárias perderam força, principalmente na arena da fidelidade dos eleitores e da identificação partidária. A representação se tornou mais personalizada, na medida em que os eleitores focaram mais a imagem dos políticos do que os programas partidários. Nesse contexto, a maioria dos eleitores começou a votar de acordo com as circunstâncias observáveis, tais como economia, fatores sociais e culturais (Vieira, 2017).

2. c
3. a
4. Sistema eleitoral é um conjunto de instrumentos, normas e mecanismos adotados nos países com o objetivo de constituir a representação política nos poderes Legislativo e Executivo. A escolha da configuração de um sistema eleitoral é de extrema importância, pois é ele que dita as regras do jogo político e estabelece como será a representação política. Basicamente, o sistema eleitoral determina como serão definidos os distritos eleitorais, os limites para a formalização da expressão do voto do eleitor e a forma como os votos serão convertidos em cadeiras, ou seja, como ocorrerá a alocação das cadeiras entre os partidos. Esses elementos básicos têm consequências no comportamento dos representantes e dos partidos políticos tanto no período eleitoral quanto ao longo do mandato. Também causam impacto no comportamento dos eleitores, que podem focar mais ou menos os partidos políticos e utilizar

estratégias distintas para determinar suas escolhas eleitorais e para acompanhar as atividades dos representantes eleitos.

5. a

Questões para reflexão

1. A crise de representação está relacionada ao descrédito e à insatisfação dos cidadãos com o funcionamento das instituições políticas – partidos políticos e parlamento – e é um fenômeno mundial. A desconfiança dos cidadãos em relação a atores e instituições políticas é notória na maioria dos regimes democráticos. Colen (2010) explica que, nas democracias mais consolidadas, como na Europa, isso ocorre em virtude da elevada instrução dos cidadãos, que se envolvem mais no processo político e são mais críticos. No caso de democracias menos consolidadas, como em países da América Latina, a alta desconfiança é resultado das desigualdades sociais e da grande concentração de renda. Isso leva os cidadãos a acreditar que o contexto institucional beneficia apenas algumas pessoas, e não todas. A queda no engajamento cívico – ou seja, o interesse dos cidadãos em participar mais dos processos políticos –, como afirma Norris (1999), é uma consequência da baixa credibilidade dos atores políticos perante os cidadãos. Desse modo, estes preferem manter distância dos processos políticos, mesmo que as dimensões políticas estejam presentes em seus cotidianos (Baquero, 2010). Cerca de 70% dos brasileiros não têm simpatia por nenhum partido político.

Os meios de comunicação, em especial a internet, são ferramentas que ajudam na melhoria da prestação de contas, o que contribui com a transparência política e a ampliação da participação cidadã nos processos políticos. Além disso,

Fabrícia Almeida Vieira

é possível reduzir o distanciamento entre representantes e representados (Vieira, 2017). Essa tecnologia pode ser usada como um instrumento para tentar modificar esse quadro de desconfiança generalizada.

2. A internet, com seus diversos potenciais, tornou-se uma ferramenta fundamental para a implementação de demandas democráticas – como a transparência e a ampliação da participação cidadã. Ela reduz os custos para a aproximação entre cidadãos e atores políticos, permitindo que o trabalho das instituições políticas se torne mais transparente e de fácil acesso aos cidadãos. Como aspecto negativo, a internet não é um meio de comunicação de massa, então alguns cidadãos são excluídos dessa tecnologia. Outra questão é que, apesar das potencialidades da internet, isso não significa que, necessariamente, essa tecnologia será utilizada com objetivos positivos. A divulgação de informações não assegura que os cidadãos buscarão informar-se mais. Do mesmo modo, a disponibilização de dados não remete diretamente a cidadãos mais informados e mais críticos, assim como não garante governos menos corruptos (Vieira, 2017).

Capítulo 2

Questões para revisão

1. d
2. c
3. A fórmula eleitoral é importante para o sistema de representação proporcional, pois, ao estabelecer os critérios para a efetividade da representação política, determina como as cadeiras serão distribuídas. Os dois tipos de métodos mais empregados

são o de maiores sobras e o de divisores. Os métodos de maiores sobras se baseiam em uma cota fixa que os partidos devem atingir para conquistar uma cadeira. Isto é, quanto mais vezes o partido alcançar a cota, mais cadeiras terá para ocupar. Geralmente, ao final do processo de distribuição das cadeiras por meio de cotas, algumas não são preenchidas. Assim, em um segundo momento, o restante das cadeiras é direcionado aos partidos que tiveram as maiores sobras. As cotas mais usadas são Hare e Droop.

Por sua vez, os métodos de divisores ou de maiores médias são baseados na divisão sucessiva dos votos válidos dos partidos por uma série de números. Dessa forma, as cadeiras são preenchidas pelos partidos com os maiores resultados na divisão. As cotas mais utilizadas são D'Hont, Sainte-Lagüe e Sainte-Lagüe modificado.

4. d

5. No sistema majoritário, o candidato mais votado é eleito. Nesse caso, argumenta-se que os eleitores terão maior controle sobre as atividades dos parlamentares, já que esse sistema desenvolve governos unipartidários. Por outro lado, o sistema eleitoral proporcional garante maior proporção entre os votos recebidos e os cargos disponíveis. Esse sistema produz mais diversidade de representação política e, por isso, é interessante para países com intensas fragmentações étnicas, culturais e religiosas. Já o sistema misto combina elementos dos sistemas majoritário e proporcional. Cada sistema apresenta vantagens, desvantagens e peculiaridades na maneira como funciona em cada país.

Questões para reflexão

1. É possível estabelecer uma associação entre as características das eleições presidenciáveis nos Estados Unidos e um

Fabrícia Almeida Vieira

dos principais valores atrelados à democracia: a participação cidadã. Autores que defendem a participação cidadã alegam que, além do voto, os eleitores devem ter outros mecanismos para participar do processo eleitoral.

2. Além das características gerais de cada sistema, você pode basear sua resposta na seguinte distinção: o voto direto e o voto por meio do Colégio Eleitoral.

Capítulo 3

Questões para revisão

1. d
2. d
3. O sistema eleitoral é extremamente importante na avaliação do sistema partidário, funcionando como freio ou acelerador com relação ao número de partidos. O sistema proporcional pode favorecer o multipartidarismo, ao passo que o sistema majoritário pode representar um obstáculo para o processo de multiplicação de partidos políticos.
4. Duverger (1968) assegura que o número de partidos impacta diretamente a estabilidade ou não dos governos. Os sistemas bipartidários dispensam a formação de coalizões para a estabilidade do governo; já os sistemas multipartidários, que são fragmentados, exigem que o governo forme coalizões majoritárias em busca da governabilidade. Assim, os sistemas multipartidários são mais instáveis do que os sistemas bipartidários.
5. b

Questões para reflexão

1. Os pequenos partidos têm dois papéis primordiais. O primeiro deles refere-se ao aspecto social de ampliar as oportunidades

de grupos minoritários serem representados no Legislativo. Mulheres, negros, homossexuais e outros grupos de minorias podem conquistar a representação política por meio dos pequenos partidos. O outro papel dessas organizações está mais voltado ao jogo político, considerando-se que os pequenos partidos se coligam com partidos maiores e tendem a aumentar o número de candidatos pela lista.

2. Depois de descrever o sistema eleitoral e partidário de cada país, você será capaz de averiguar se é possível aplicar as Leis de Duverger aos casos. Isso será viável por meio da leitura atenta dos Capítulos 2 e 3.

Capítulo 4

Questões para revisão

1. O sistema majoritário de maioria simples tende a ser bipartidário. Como as disputas eleitorais desse sistema envolvem apenas um turno, elas têm menos candidatos ou partidos políticos. Os Estados Unidos, por exemplo, têm mais de dois partidos legais; contudo, as eleições ficam polarizadas entre os dois maiores. O sistema proporcional de lista, por sua vez, tende a ser multipartidário. Isso pode explicar a alta fragmentação partidária no Legislativo brasileiro, por exemplo. O sistema eleitoral do Brasil fornece incentivo e condições para partidos pequenos conquistarem a representação e, assim, as eleições não ficam concentradas em apenas dois partidos.

2. A maior ou menor representação feminina no Legislativo depende da cultura e da religião predominante no país, da utilização ou não de cotas para mulheres e do sistema eleitoral. Podemos afirmar que os sistemas proporcionais garantem

mais oportunidades para a representação das mulheres do que os sistemas majoritários.

3. d
4. b
5. d

Questões para reflexão

1. Para responder às duas questões deste tópico, você precisa recorrer ao conteúdo já abordado. O mecanismo é adotado no sistema proporcional e é usado para "barrar" o acesso dos partidos pequenos à Câmara dos Deputados. Ele foi discutido ao longo do Capítulo 2.

2. Para responder aos dois primeiros questionamentos, sugerimos que você acesse o *site* da Câmara dos Deputados do Brasil (www2.camara.leg.br) e pesquise o número de mulheres que compõem essa casa legislativa, assim como os partidos aos quais elas estão vinculadas. É interessante que essa pesquisa seja feita, já que a configuração da Câmara pode mudar com a saída de um representante eleito para ocupar cargos ministeriais e sua substituição por um suplente. O terceiro questionamento, por sua vez, é bem particular e estimula que você se informe para saber se o estado em que reside elegeu alguma mulher e quais pautas ela(s) defende(m). Por fim, a última questão exige que você tenha lido o quarto capítulo com atenção, para que se habilite a discutir quais são os principais condicionantes para a sub-representação feminina no Legislativo.

Capítulo 5

Questões para revisão

1. d
2. d
3. a
4. O sistema de lista aberta tende a gerar algumas distorções no cenário brasileiro. Candidatos com muitos votos podem não ser eleitos, ao passo que candidatos com poucos votos podem conquistar uma cadeira. O sistema de lista aberta produz maior competição intrapartidária, enfraquecendo os partidos políticos e valorizando o personalismo. Isso gera implicações tanto para o comportamento individualizado dos candidatos e representantes como para as ações dos eleitores, levados a crer que as organizações partidárias não são tão importantes para a definição do voto.
5. Para as eleições do Legislativo (deputado federal, deputado estadual e vereador), utiliza-se o sistema proporcional de lista aberta, com cálculos dos quocientes eleitoral e partidário para a distribuição das cadeiras. Os partidos que atingem ou ultrapassam o quociente eleitoral têm direito à representação na Câmara dos Deputados. Os candidatos eleitos são os mais votados de cada lista, conforme o número de cadeiras conquistadas pelo partido. Já as eleições para o Executivo (presidente, governador e prefeitos de cidades com mais de 200 mil eleitores) são realizadas de acordo com o sistema majoritário de dois turnos. Nesse caso, para ser eleito no primeiro turno, o candidato precisa conquistar mais de 50% dos votos válidos. Se eventualmente nenhum concorrente conseguir essa porcentagem, passa-se ao segundo turno, com disputa entre

Fabrícia Almeida Vieira

os dois candidatos mais votados, em que vence aquele com maior votação. Nas eleições para senador (Poder Legislativo) e prefeitos (Poder Executivo) em cidades com menos de 200 mil eleitores, o sistema adotado é o de maioria simples, em que o mais votado conquista a representação, de acordo com o número de cadeiras disponíveis, sem nenhuma regra adicional. O sistema eleitoral do Brasil não pode ser confundido com o misto, pois este combina elementos dos sistemas majoritário e proporcional para eleições do mesmo cargo – o que não ocorre no Brasil.

Questões para reflexão

1.

a) Para desenvolver seu argumento, você precisa analisar se a fórmula eleitoral brasileira leva em consideração votos brancos e nulos. Sugerimos que você retome os detalhes concernentes à fórmula eleitoral a fim de conseguir reunir elementos suficientes para refutar essa afirmação.

. b) Para refutar essa afirmação, além de consultar o conteúdo abordado no capítulo, sugerimos que você pesquise no *site* do Tribunal Superior Eleitoral (TSE) quais são os casos em que esse órgão anula uma eleição.

2. Para responder às perguntas da atividade 2, você precisará associar o conteúdo teórico abordado no capítulo em questão ao caso. Não é necessário saber muito sobre a cidade de São José dos Pinhais, e sim atentar ao que a Constituição Federal (1988) estabelece quanto às eleições em municípios.

Capítulo 6

Questões para revisão

1. Principais vantagens do sistema de lista aberta no Brasil: os grupos minoritários têm mais chances de conquistar representação; há maior representação de pequenos partidos; o eleitor tem mais possibilidades de voto (na legenda ou no nome do candidato). Principais desvantagens desse sistema no Brasil: número elevado de partidos com representação, isto é, alta fragmentação partidária; necessidade de amplas coalizões para governar; existência de relações personalistas; enfraquecimento dos partidos políticos; baixa representação feminina no Congresso; complexidade do sistema que confunde o eleitorado; desproporcionalidade na representação.

2. d

3. Os defensores da implementação do Distritão argumentam que ele diminuiria a quantidade de concorrentes aos pleitos, pois seu foco residiria naqueles com mais chances de sucesso eleitoral. Assim, esse sistema poderia diminuir a fragmentação partidária. Ainda, como benefício, o Distritão possibilitaria o fim das coligações, e os eleitores poderiam aproximar-se mais de seus representantes. Por sua vez, os opositores desse sistema defendem que ele privilegiaria candidatos mais populares, em detrimento de candidatos novos ou que representam minorias. As relações entre o campo político e os cidadãos tenderiam a ser mais personalistas, enfraquecendo as organizações partidárias. Além disso, os opositores sustentam que essa proposta não engloba o que fazer com os votos excedentes (sobras) ou que são destinados a candidatos que não se elegerem.

4. c

5. d

Fabrícia Almeida Vieira

Questões para reflexão

1. Você conseguirá responder facilmente a esses questionamentos com base no conteúdo do capítulo e nos próprios conhecimentos. Essa questão é muito particular, pois você pode concordar ou não com uma das categorias de voto, apresentando os argumentos necessários para fundamentar sua opinião.

2. Para responder aos questionamentos sobre a minirreforma, é interessante que você pesquise e reúna mais informações sobre as modificações mencionadas, de modo a conseguir definir uma posição e comentar os aspectos positivos e negativos de cada modificação indicada.

Sobre a autora

Fabrícia Almeida Vieira é doutoranda do Programa de Pós-Graduação em Ciência Política da Universidade Federal do Paraná (UFPR), mestra em Ciência Política também pela UFPR, especialista em *Marketing* Político, Direito Eleitoral e Partidário e graduada em Ciência Política pelo Centro Universitário Internacional Uninter. Tem experiência na área de ciência política, com ênfase nos seguintes temas: cobertura jornalística; webcampanha; partidos políticos *on-line*; comportamento *on-line* de representantes; sistemas eleitorais comparados; direito eleitoral e partidário. É pesquisadora vinculada ao grupo de pesquisa Instituições, Comportamento Político e Novas Mídias (Geist), da UFPR.

Impressão:
Março/2018